Mitterrand
le grand initié

Nicolas Bonnal

Mitterrand
le grand initié

Albin Michel

22, rue Huyghens, 75014 Paris

www.albin-michel.fr

ISBN 2-226-12613-9

« Je ne puis être un chef que par la ruse ou par la terreur, ou grâce aux réseaux impitoyables de l'inhumain, mais alors, quelle force est en moi, et qu'on me laisse ma chance, je la sens digne de gouverner. »

François Mitterrand,
lettre du 17 juillet 1943,
in Pierre Péan, *Une jeunesse française*,
Fayard, Livre de Poche, 1996, p. 324

Prologue

La disparition de François Mitterrand, le 8 janvier 1996, a traumatisé et fasciné les Français. Le Président mourait doublement à Jarnac et à Paris, mais il mourait comme un roi républicain ; pour un bâtisseur tel que lui, on n'aurait pu rêver plus belle consécration.

Les secrets de Polichinelle – la santé, les alcôves, les tribulations, la corruption – ont alors été dénoncés par ceux-là mêmes qui les avaient cachés, et l'image royale du Président en a été rudement atteinte. Une nouvelle marche a été descendue par sa famille lors de la brève incarcération du fils aîné ; l'emploi, par Danielle Mitterrand, du terme « rançon » pour qualifier la caution réclamée par la justice a marqué les esprits.

Mitterrand apparaît comme un personnage riche et énigmatique, dont on n'a pas encore décodé tous les secrets. Il se trouve qu'un groupe d'enquêteurs marginaux se réunit tous les ans à Royaucourt, dans l'Oise, tout près de la « plus belle lanterne » du royaume d'Henri IV (Saint-Martin-aux-Bois). Ces jeunes enquêteurs se nomment les Enfants du Méridien, ce méridien royal et parisien auquel Mitterrand n'a cessé de rendre de multiples hommages.

Dans la ferme pillée d'un des leurs – pillée par la police et la gendarmerie, intelligemment pillée – ils avaient rassemblé une somme d'informations susceptibles beaucoup plus que d'autres de faire trembler la République, pour autant que le régime actuel ait droit à ce nom. Mais ils ont tenu bon et décidé de livrer ces informations, qui mènent à la révélation de l'incroyable et véritable secret de François Mitterrand.

La geste de Mitterrand, transcendant tous les clivages, relève d'une initiation de masse, à laquelle tous les Français, émerveillés par ses travaux ou ses transfigurations chamaniques, ont peu ou prou participé.

Les Enfants du Méridien ont tenu, qui à Saint-Sulpice, qui à Carcassonne, qui à Bourges, toujours le long du méridien de Paris, leurs conférences. Ils sont au nombre de cinq : Jean, Jacques, Barthélemy, Sophie et Dominique. Et au risque de passer, à leur tour, pour des illuminés, ils révèlent.

Le Scribe

1.

Jalons et pèlerinages

Le rapport, magique et royal, de François Mitterrand à la terre et à l'espace se trouve être, avec les vestiges architecturaux du règne, le plus visible des témoignages que nous puissions recenser. À l'heure où on évoque les phénomènes d'abduction, nous pouvons parler de phénomènes d'incorporation ou comment un individu fait un avec un paysage, avec une terre. Or, Mitterrand nous l'a dit, entre deux invocations aux forces de l'esprit : « Je m'incorpore au paysage de la France. »

L'incorporation alchimique de la matière Mitterrand à la matière France – la matière de Burgondie, particulièrement – s'est faite de deux manières : une célébration païenne de la terre ; un pèlerinage incessant qui confine à la célébration d'une géographie sacrée dont nous allons recenser les signes et les jalons. L'identification du corps du souverain à la terre est bien sûr de source égyptienne. Mais ce paganisme est placé sous le signe de la Gaule celtique, comme nous allons le voir.

François Mitterrand est homme d'un enracinement magique. Homme du milieu des terres, comme l'indique son patronyme, et comme Georges Pompidou, Valéry Giscard d'Estaing et Jacques Chirac, notre ancien Président a d'abord aimé la terre d'un amour passionnel et mystique.

Le pèlerin qu'il est connaît sa géographie comme personne et, à l'instar de son maître Chardonne ou de Vincenot, il a une relation religieuse, panthéiste même, à sa terre : « Il faut naître en province et toucher aux racines pour comprendre d'instinct les relations des sociétés humaines et du sol où elles vivent. »

C'est que l'ancien Président vit en communion avec son pays. On se souvient qu'au cours de la campagne électorale de 1981, il avait posé devant un clocher dans un premier temps, jugé trop catholique par les laïcards dans un second. Le message était clair : le futur Président posait devant le coq alchimique qui orne les dizaines de milliers d'églises de France et leur rendait un vibrant hommage. Il appartenait à une génération qui « aura fait cent détours avant de comprendre que la France était une personne ». Il avoue être plus concret, plus charnel dans son approche de la France que le mystique de Gaulle : « Je n'ai pas besoin d'une idée de la France. La France, je la vis. J'ai une conscience instinctive, profonde de la France, de la France physique et la passion de sa géographie, de son corps vivant. Là ont poussé mes racines. L'âme de la France, inutile de la chercher : elle m'habite. » Et depuis le temps qu'il fait, comme il dit, partie de ce paysage politique, il fait également – il fait surtout, en tant que roi – partie de son paysage physique.

Mitterrand aime les arbres comme un druide ; en particulier les chênes. Il y a plus à apprendre sous les roches et les arbres que dans les livres, disait déjà Bernard de Clairvaux. Et Mitterrand : « Latché. Chaque jour, ou presque, je visite mes chênes. Ce rite amuse mon entourage quand j'affirme qu'ils changent à vue d'œil. C'est vrai pourtant. Je les ai plantés en novembre. Au printemps, les chevreuils affamés ont tiré sur la fragile écorce et l'ont déchiquetée. » Il ajoute par ailleurs : « À l'exception peut-être du saule, qui continue de m'émouvoir tant il ressemble à la France de mon paysage personnel, je n'aime rien tant que les chênes. » Il en plante quarante à Latché.

L'évocation du chêne est bien entendu fondamentale : le chêne est l'arbre sacré par essence. Il indique solidité, hauteur, puissance et longévité. Il fut sacré chez les Grecs comme chez les Celtes, les Romains et les Slaves. Le chêne est le support végétal d'un symbolisme qui unit le savoir et la force. Expression de la force, il joue également un rôle axial, instrument d'une communication entre le ciel et la terre. Ainsi, c'est auprès de chênes qu'Abraham reçoit les révélations de Yahvé, tant à Sichem qu'à Hébron.

« Au spectacle de la nature il m'arrive souvent de vivre ces moments de bonheur où l'on s'arrête et dit : c'est le plus bel endroit du monde, écrit Mitterrand. La terre, notre amie, prodigue ses merveilles. Je la contemple depuis l'enfance sans épuiser jamais cette faculté d'étonnement qui naît de la beauté et qui donne l'obscure envie de remercier quelqu'un. » Il est païen au sens étymologique du terme et pousse loin ce culte de la terre qui devient aussi celui des morts. Il écrit dans le journal des Compagnons de France, *Métier de chef,* en avril 1943 : « Ainsi s'était rétablie une liaison mystique entre les groupes d'hommes et la terre en leur possession, comme à l'époque primitive où elle appartenait à la communauté des morts et des vivants ; les fruits du sol figuraient alors l'âme des disparus et chacun avait conscience de participer à un monde obscur dont l'individu n'était que l'expression fugitive. »

Le jeune homme insiste sur cette relation privilégiée, cette osmose entre l'homme et son « environnement » : « Qui donc aurait pu séparer ce tout ? L'homme s'intégrait à l'animal, au végétal, au minéral, et se reconnaissait en eux : il n'était pas encore ce faux dieu qui danse sur le monde et ne sait plus, comme entraîné par sa propre folie, où il reposera les pieds. » À la danse cosmique de Shiva, qui annonce une fin du monde, Mitterrand oppose une renaissance de vies, une succession d'*avatâra.*

Une telle fascination pour la terre s'apparente à un rite, une célébration. Mitterrand semble rechercher un contact privilégié avec la terre et les chemins de Compostelle. Il écrit un peu plus loin : « Désormais, attentif aux parfums, aux couleurs, aux changements du ciel, aux gestes des animaux, aux cycles des saisons, aux coutumes des hommes soumis au rythme de la vie propre à ce coin de terre et à cette race d'hommes, j'allais pouvoir mêler mon souffle en une cadence égale à la toute-puissance des souffles originels. »

La référence au souffle n'est pas fortuite et dépasse le cadre national ou communautaire où l'on voudrait l'enfermer. Essentiel dans toutes les traditions religieuses, c'est le principe de vie. Dans la tradition védique, l'homme est tissé par les souffles, qui sont au nombre de cinq. La référence tellurique au souffle spirituel du haut lieu, que l'on retrouvera au chapitre consacré à l'architecture, nous paraît très importante puisqu'elle fonde aussi bien une démarche initiatique qu'elle explique le goût de notre pèlerin pour la marche ou du politique pour l'art oratoire. La maîtrise des souffles, au cœur de la démarche initiatique, rappelle Barrès : « Tout l'être s'émeut, depuis ses racines les plus profondes jusqu'à ses sommets les plus hauts. C'est le sentiment religieux qui nous envahit. Il ébranle toutes nos forces... ces terres doivent intervenir pour former des êtres supérieurs et favoriser les hautes idées morales », écrit l'auteur des *Déracinés*. D'ailleurs, pour Mitterrand, l'importance du souffle doit être soulignée même au moment de l'écriture : « Je ne sais comment Jacques Chardonne écrivait. Lentement, en prenant sa respiration, j'imagine. »

Le patriotisme s'exprime encore par ces lignes enchantées parues dans *Métier de chef* : « Quand on retrouve son pays, on ne pousse pas des cris de joie. La joie est là qui vous gonfle la poitrine, qui vous parcourt les muscles des jambes, qui vous dirige les regards. Il n'y a pas besoin de clamer cette joie ; elle est une manière de marcher, de respirer, de voir une mise en accord rapide et harmonieuse avec les choses d'alentour. » Comme ses ancêtres, l'écrivain évoque ici l'harmonie au sens musical du terme qui unit la marche du pèlerin à la terre qui le guide par ses courants telluriques. On sait que les pèlerinages s'effectuaient pieds nus, à même la terre, comme pour mieux ressentir les courants venus d'en bas et qui comme des veines sillonnent l'épaisseur de la déesse Gaia.

Trente ans plus tard, Mitterrand retrouve la même sensation au Mexique. De même en France, il assiste à un nouveau sacre du printemps : « Je me trompe rarement sur ces choses. Il y a comme un vacarme intérieur sur l'élancement de la vie... notre clairière, la nuit, touche le ciel. »

L'ami des forêts ne peut qu'être, comme le fondateur du christianisme, un ami des charpentes. Cette vocation de constructeur annonce en partie les Grands Travaux du double septennat. Dans « Le Charpentier de l'Orlathal », paru en décembre 1942 dans *France, revue de l'État nouveau*, de son ami l'ancien cagoulard Gabriel Jeantet, François Mitterrand a écrit qu'il a exercé ce beau métier pendant six mois en Allemagne. Voici comment il décrit son activité : « Mon patron m'indiqua sans mot dire le réduit aux outils, il déposa un chevalet et me mit dans les mains un mètre et une scie. Je sus que, désormais, j'étais charpentier. » Mais le travail manuel l'enchante moins, décidément, que la réflexion romantique sur les paysages, fortement teintée de Chateaubriand : « Le soleil exaltait les rouges clairs, les rouges sombres, les pourpres des toits et des pierres, les verts un peu brûlés des champs s'accordaient à la tranquille lumière. Sans pensée, sensible seulement à ce déploiement d'harmonies, je me laissais aller à cette sorte de rêverie musculaire qui suit les grandes fatigues et les peines cruelles. » S'ensuit avec le charpentier une discussion historique portant sur Napoléon et les fameuses campagnes de 1806-1813. Avec étonnement, le jeune prisonnier apprend alors que le charpentier célèbre, ainsi que son village, la mémoire du grand homme, cette « âme du monde ». Héros romantique entre tous, l'Empereur fascinait jusqu'à ceux qu'il avait rossés. Prélude champêtre à une politique de rapprochement franco-allemand, cette attitude du travailleur allemand impressionne le jeune homme : « J'étais évidemment très ému par ces reliques surprenantes et je m'étonnai de cette piété persistante chez ceux mêmes que nos armes avaient alors meurtris. »

Latché, la résidence acquise par François Mitterrand dans les Landes, est une bergerie et Mitterrand, tels Heidegger ou Jünger dans leur Forêt-Noire, y fait office de berger de l'Être, de grand veneur. En marge de ce monde, nargué par Thierry Le Luron au début du premier septennat, il fascinait les Français par son repli stratégique, par cette véritable retraite spirituelle de Latché. Latché est un lieu où les extrêmes se rejoignent, où l'éternité et l'instant se touchent dans une espèce de communion étrange. Latché est situé au milieu d'une clairière perdue dans la forêt landaise : « Je me trouve au milieu d'un million d'hectares de forêt de pins, de chênes. » Ce lieu forestier prépare l'esprit à la méditation : « À Latché, la soirée se prolonge. Autour de moi on parle de la vie, de la mort, des origines du monde, de l'existence de Dieu, de l'au-delà et du néant. Dans les deux camps on bataille ferme. Des deux côtés, quelle certitude ! On démontre. On décide. On tranche. J'écoute et pense que si j'aime ceux qui se posent des questions, je me méfie de ceux qui trouvent. »

Le patriarche officie en toute ambiguïté dans sa ferme. Il est vrai que, pour lui, l'expérience réelle, la vraie vie se passe des mots, facilement des hommes en tout cas, et qu'elle transite par l'errance avec les chiens psychopompes, le guet ou les ânes. Elle dépasse le simple cadre de la ferme et se nourrit de silence et de méditation. Mitterrand aime à répondre par le silence : « À chacun sa drogue. La mienne est le silence. Comme il se doit, je l'aime et je le crains. Mais sans lui je perds ce sens subtil qui permet de communiquer avec l'âme des choses. »

Il écrit ces lignes, presque hallucinées, une nuit de Noël : « J'arrive de nuit dans les Landes. L'herbe givrée craque sous le pied. Un mage ne s'y reconnaîtrait pas tant il y a de chemins éclairés dans le ciel. »

Le propre de la magie terrienne est d'agir sur les climats et les vents. Mitterrand a insisté plusieurs fois sur la magie des vents de Latché. Déjà en 1943, voici ce qu'en pensait notre auteur : « La couleur du ciel, la teinte des toits, la manière de tracer le sillon, l'heure du repas, la voix des enfants, l'odeur de la maison, voici ce que nous évoquions, exilés soumis à des vents inconnus. » Ces vents inconnus venus de l'Atlantide évoqués par G.-M. Benamou sont ceux de l'exil. Ils témoignent d'une sensibilité très forte au vent environnant, celui des moulins et des meuniers, de Cornille et Quichotte, celui de la Tradition.

Dans le passage suivant, on relèvera les allitérations : « Près de moi un cormoran dormait sur le rocher rose. Le vent lui levait l'aile. » À Saint-Privat, avec son ami Claude Manceron, l'auteur note que l'on déjeune « autour de la table ronde et le soir, de la terrasse ouverte sur le ciel, on rêve en écoutant le vent ».

À propos du vent des îles grecques échappé, dit la légende, de la boîte de Pandore, Mitterrand s'interroge : « D'où venait-il ce vent perpétuel qui sonnait le cor en passant par la fenêtre sans vitre ni volet de la maison d'en face, qui imitait la corne des navires par temps de brume en s'engouffrant dans le trou d'ombre de l'escalier de pierre, qui s'enflait au-dessus de nos têtes en bourrasques soudaines ? »

C'est ainsi que Mitterrand entend le vent : « Le pouvoir, ici c'est le vent. J'écoutais cette grande rumeur ("la rumeur approche, l'écho la redit", écrit Hugo) dans le ciel immobile comme l'oracle sorti d'une bouche profonde et j'imaginais qu'en leur dernier refuge, dans les entrailles de l'Île Mère, les dieux parlaient encore aux hommes – à moins que ce ne fût aux astres et aux pierres. » Le symbolisme de l'île comme centre initiatique, appliqué particulièrement à la Grèce, pourrait être développé ; il est présent dans toutes les traditions initiatiques, des îles Fortunées d'Hésiode à l'Avalon des Celtes en passant par l'île blanche des hindous, la *Shwêta-dwîpa.*

Mitterrand a marqué ses derniers jours à la présidence en jetant un bouquet de muguet dans la Seine, la Seine à qui il a rendu un constant hommage depuis le congrès fondateur du PS à Épinaysur-Seine jusqu'aux Grands Travaux qui, presque tous, ont longé ce fleuve sacré.

Mais le symbolisme du fleuve est étroitement lié à la mort. Le symbolisme du passage des eaux, présent dans la plupart des mythologies et des légendes, est au cœur de la légende de saint Julien ou de saint Christophe, pure et en même temps précise expression de la transition d'un état humain à un état suprahumain.

Le Rhin – auquel Hugo consacra un admirable poème en prose – l'étonne tout autant que le Danube ou la Seine l'inspirent : « J'étais fasciné, bouleversé, par ce ciel à l'envers, ces étoiles descendues au ras des réverbères, par ces voies lactées de banlieue... Les eaux noires du fleuve avaient le reflet bleu des coupoles d'acier. »

Tout est signe de cette recherche de la Grande Paix, la *Shekinah* des kabbalistes. Jeune déjà, le charpentier de l'Orlathal « assiste à la fin du jour qu'un soleil somptueux ornait de toutes ses gloires... tout continuait autour de moi d'affirmer le triomphe de la force tranquille ». Le publicitaire Jacques Séguéla avait affirmé que le slogan du candidat socialiste de 1981 avait été trouvé presque par hasard par une de ses collaboratrices de l'agence RSCG. On peut constater, à l'instar de Pierre Péan, que le hasard n'existe pas chez Mitterrand. La force est, dans l'Inde traditionnelle comme dans le Moyen Âge européen, le caractère du *kshatriya,* du guerrier. La tranquillité est plutôt l'attribut du caractère contemplatif dévolu au brahmane, c'est-à-dire au prêtre. La conciliation de ces deux qualités confère une invulnérabilité en quelque sorte, puisque l'homme fort et tranquille, qui n'est soumis ni à la faiblesse de la colère ni à l'arbitraire de la violence, est *a priori* invulnérable. La caste primordiale de l'Inde ancienne, dite Hamsa, concentrait justement les deux qualités de prêtres et de guerriers.

Mais revenons à la paix atteinte en pleine nature : ainsi, au sein de cette dernière, « comme les fièvres d'antan me paraissaient vaines, maintenant qu'en ce matin d'hiver je parcourais, paisible et calme, au plus profond du cœur, la première distance du chemin retrouvé ». Trente années plus tard, Mitterrand explique pourquoi il aime tant sa terre, c'est le cas de le dire, d'élection : « C'est pourquoi je m'accorde avec le Morvan, terre profonde dont les flancs portent les eaux de cent rivières. » Alors qu'il écoute Théodorakis, il note : « La petite foule de Château-Chinon retient son souffle. Elle sent qu'elle participe à l'un de ces moments trop rares où l'on touche du doigt sa propre vérité. »

Dans d'autres lieux, il touche du doigt cet état d'absolu contentement, d'autarcie spirituelle qui, selon Aristote, est la marque du vrai bonheur. À La Couvertoirade, village du Morvan, Mitterrand note : « Nous avons, du mur d'enceinte templier, communié d'amour naïf et tendre avec tout signe révélateur du monde encore intact. » La référence aux Templiers est du plus grand intérêt, lorsqu'on connaît les doctrines initiatiques de ces derniers qui leur valurent tant d'incompréhension et de persécutions. Le rêve nostalgique d'un monde intact évoque encore l'âge d'or. Mais notre auteur ne s'arrête pas là : « Il est d'autres pays sublimes. Je n'en connais pas qui vous restitue à ce point l'état de grâce des grands départs et des commencements. » Laissons-le murmurer : « Il s'agit plutôt de la recherche d'une communication entre moi-même et le reste du monde, l'univers, le sens de la vie. »

Mitterrand est l'homme de la Bourgogne et de quelques hauts lieux ; il a arpenté cette Burgondie venue du fond des âges, de la mythologie des Nibelungen qui préfigurait l'Europe impériale. Il a été l'homme de Château-Chinon.

Avec moins de trois mille habitants, ce gros bourg considéré comme la capitale du Haut-Morvan est fier de sa devise : « Petite ville, grand renom ». On ne sait si Chinon est lié au Chinon de Rabelais. Sous-préfecture de la Nièvre, la ville partage son député avec Clamecy. Elle a été jumelée avec Cortona, en Toscane, par Mitterrand, en 1962. Ville étrusque, dont toutes les gazettes affirment que Pythagore y fut enterré et que des Troyens y trouvèrent refuge. Ville aussi de la Société des Occultes, fondée par Buonarroti, descendant de Michel-Ange, agitateur républicain en France et en Corse.

Plus prosaïquement, l'histoire de Château-Chinon remonte à l'époque préhistorique et le site fut sans doute occupé par les Celtes. Cité romaine et point de convergence de plusieurs routes, elle fut tour à tour châtellenie, seigneurie puis comté. Elle doit son nom à son château féodal, aujourd'hui disparu. Après la Révolution, elle fut divisée en deux communes : Château-Chinon-Ville et Château-Chinon-Campagne. De cette époque subsistent quelques vestiges, mais le visiteur s'arrête plutôt pour admirer la statue-fontaine mobile, œuvre de Niki de

Saint-Phalle et Jean Tinguely installée devant l'ancien palais de justice devenu mairie.

La Burgondie, ce toit de l'Europe, Tibet de l'Europe, il l'a arpentée comme personne. Tous les Français se sont familiarisés avec la promenade de Solutré, réalisée on le sait le jour de la Pentecôte, en compagnie de fidèles de toujours, comme disent les télévisions et les journaux. Les commentateurs ont oublié une chose : c'est que cet épisode évangélique décrit l'arrivée des langues de feu sur les apôtres et les premières foules chrétiennes : « Il vint du ciel un bruit comme celui d'un souffle violent qui remplit toute la maison où ils étaient assis. Des langues qui semblaient de feu et qui se séparaient les une des autres leur apparurent... Elles se posèrent sur chacun d'eux et ils furent tous remplis de l'Esprit saint et se mirent à parler en d'autres langues selon que l'Esprit leur donnait de s'exprimer. »

La Pentecôte, fête spirituelle entre toutes, était la plus importante pour les cathares. C'est aussi au moment de la Pentecôte que débutent la plupart des récits arthuriens, dont on découvre aujourd'hui enfin le symbolisme initiatique : la *Demoiselle à la mule* ou *Mule sans frein* – récit au symbolisme alchimique très dense – débute ainsi à la Pentecôte, lorsque le roi Arthur tient sa cour à Carduel.

Mitterrand est très sensible à ce moment de l'année solaire : « Ces jours de pentecôte, en avance de peu sur le solstice, sont bien le sommet de l'année. Tout à l'heure, dos à plat sous un cerisier, j'observerai la courbe lente du soleil. On dirait à la lettre que le temps suspend son vol. » La référence à Lamartine donne une dimension solsticiale à ce pèlerinage : le solstice désigne précisément le moment où le soleil s'arrête. Le *sol invictus*, soleil invaincu, dernière foi des empereurs romains, qui inspira à Georges Soulès son pseudonyme de Raymond Abellio. Et son nom au Service d'ordre légionnaire, durant la période pétainiste.

Voici comment l'ancien Président décrit son ascension : « Chaque herbe de ce champ que je traverse pour monter la roche de Solutré est fleur. Mes pas y traversent un chemin d'arc-en-ciel où dominent le mauve et le bleu. » La référence à l'arc-en-ciel est intéressante à plus d'un titre : « l'écharpe d'iris » de nos poètes est en effet le *Beifrost* des anciens Scandinaves, le *Kambomenos* des Celtes, pont entre les hommes et les dieux, lien entre le ciel et la terre. Pour les Grecs, Iris était la messagère des dieux et parlait aux hommes le langage divin. On retrouve nos langues de feu de la Pentecôte qui, elles aussi, désignent un échange, une montée-descente de l'Esprit sur les hommes.

Cet échange se fait sous la protection du poète Lamartine : « Milly... je m'y arrêterai ce soir, sur la route de Cluny, comme je le fais tous les ans à la même saison. Devant la haute grille qui précède "le toit rustique et sombre que la montagne seule abrite de son ombre", on échangera les propos rituels sur le lierre qui est glycine et les trois marches qui sont cinq. » Les références à la montagne, au rituel, à la glycine, aux nombres trois et cinq, ancrent encore un peu plus cette évocation et ce pèlerinage dans une signification symbolique.

Solutré autorise également une vision, celle du mont Blanc : « De la roche de Solutré, quand la brume ne monte pas des fonds de Saône, on distingue la barre du Jura et parfois, par-dessus le massif des Alpes, invisible, l'équerre du mont Blanc. » La référence à l'équerre satisfera les amateurs de symbolisme : dans ce domaine, l'Équerre se rapporte en effet à la « Matière » qu'elle symbolise, qu'elle rectifie et qu'elle ordonne. L'Équerre représente, en un sens, l'action de l'Homme sur la Matière et, dans un autre sens, l'action de l'Homme sur lui-même.

On sait par ailleurs que Solutré est un lieu préhistorique où, nous disent certains guides touristiques, acculés par les chasseurs, les chevaux se jetaient dans le vide. On imagine mal l'amateur du cheval turkmène *akhal-tekke* monter Solutré pour célébrer un holocauste hippologique. En réalité, à la base de la roche de Solutré, au lieu-dit le Gros du Charnier, on a découvert un amas d'ossements épais de 1,5 à 2 mètres et s'étendant sur 3 hectares. Ce site préhistorique, de l'aurignacien à l'âge du bronze, a effectivement intrigué les archéologues qui pensaient que les hommes d'alors rabattaient des troupeaux de chevaux sauvages vers le haut du plateau et les contraignaient à sauter dans le vide. Mais cette hypothèse semble démentie par le fait que l'on a trouvé les os des membres, jamais de squelettes entiers. Ces hommes allaient probablement chasser dans les plaines et ne rapportaient à leur repaire que les parties les plus charnues des animaux : leurs membres. « Solutré (« Sol Outré »), le nid d'aigle de Mitterrand ?

Et Vézelay, d'où partit la seconde croisade manquée de saint Bernard, l'homme qui donna ses règles à l'ordre du Temple ? Ce dernier se demande même, après son lamentable échec, si le Dieu des musulmans n'est pas meilleur que celui des chrétiens. Jules Roy écrit : « Mitterrand connaît Vézelay comme sa poche. » Vézelay était surnommée du temps des Gaulois, du fait de sa forme, la montagne du scorpion. On sait que le scorpion est le signe astrologique de l'ancien Président, signe du secret et de l'occultisme. Est-ce pour cela qu'il se sent ainsi attiré par ce lieu où souffle l'esprit ? Rappelons Barrès, cet autre inspiré : « Il est des lieux qui tirent l'âme de sa léthargie, des lieux enveloppés, baignés de mystère, élus de toute éternité pour être le siège de l'émotion religieuse... l'héroïque Vézelay en Bourgogne... Tout l'être s'émeut, depuis ses racines les plus profondes jusqu'à ses sommets les plus hauts... de tels lieux nous font admettre insensiblement un ordre de faits supérieurs à ceux où tourne à l'ordinaire notre vie. »

Voici comment Mitterrand décrit son propre pèlerinage à Vézelay en 1974 : « Voici trente ans que je suis (à ma manière) un pèlerin de Vézelay. Ce que j'y cherche n'est pas précisément de l'ordre de la prière bien que tout soit offrande dans l'accord du monde et des hommes. Je pourrais tracer de mémoire un cercle réunissant tous les points d'où, du plus loin possible, on aperçoit la Madeleine. » Cette remarque indique une connaissance précise de la géographie sacrée de Vézelay ; car les monuments sacrés élevés à cette époque ne l'étaient pas au hasard, pas plus d'ailleurs que ne le seront les monuments élevés à Paris dans le cadre des Grands Travaux des années 80-90. Ils étaient ordonnés, comme les Notre-Dame, suivant le dessin céleste de la constellation de la Vierge. L'expression

« l'accord du monde et des hommes » évoque cette recherche pythagoricienne de l'harmonie perdue, que Mitterrand croit aussi retrouver durant un concert de Théodorakis donné sur la place, devant sa petite mairie. Il poursuit, dans la même veine musicale : « À Maison-Dieu j'ai suivi le sentier des bois qui la montre soudain église de village, tout au haut de sa rue. "Vézelay, Vézelay, Vézelay, Vézelay", connaissez-vous plus bel alexandrin de la langue française ? » Le sens du lieu sacré remonte à la tradition du pèlerinage médiéval, encore plus qu'à la promenade lamartinienne dans les vallons ou sous les « feuillages jaunissants », car le lieu sacré est une route du soi, une transfiguration de soi. Mitterrand a d'ailleurs une adoration pour les églises : « J'ai dû à la cathédrale de Bourges l'un des coups de foudre de ma vie. J'ai encore dans les yeux l'éblouissement rouge et bleu d'un soleil abstrait... » Bourges, la ville du méridien, dont nous reparlerons.

Pour en revenir au Scorpion, sur le portail du narthex de la basilique de Vézelay les signes du zodiaque sont particulièrement illustrés : le Bélier, le Cancer, le Capricorne, le Lion, le Taureau, la Balance. Le zodiaque de Vézelay illustre le thème du passage à travers les formes, la recherche entre l'élément ophidien d'une âme, la mort et la victoire sur la mort, sur soi-même, après avoir tué le serpent et dompté le dragon.

Or, le zodiaque va jouer un rôle important dans les Grands Travaux, en particulier l'Arche de la Fraternité.

C'est sur le lieu d'inhumation du Président que les polémiques ont éclaté. Il voulait ou prétendait vouloir être enterré au mont Beuvray. Il ne l'est pas ? Mais où est-il ? Il n'est pas à Jarnac quand même ? À Jarnac ? À quoi sert donc une pyramide ?

Que les citoyens français se soient interrogés sur le grand secret de leur ancien Président, ainsi que sur le petit, est dans la logique de nos principes républicains. Conséquence du contrat moral par lequel le Prince se lie aux citoyens, il importe, en effet, que la clarté soit faite sur tout ce qui peut paraître obscur. Mais dans la folie médiatique qui s'est emparée de la presse à la suite de la divulgation de ces deux secrets, il est étonnant qu'aucun journaliste ne se soit attaché à comprendre les véritables raisons qui ont amené François Mitterrand à ne pas se faire enterrer sur le site du mont Beuvray comme il l'avait prévu.

S'il est un lieu magique au centre de l'Hexagone c'est bien ce Morvan montagneux aux ténébreuses forêts de hêtres et, dominant ce Morvan, l'imposante hauteur du mont Beuvray. L'eau qui s'écoule de ses pentes transportait, jadis, jusqu'à Paris le bois de chauffe ; et le lait de ses nourrices apportait aux enfants délicats de la capitale la vigueur d'une nature intacte.

L'industrialisation sauvage l'a oublié. Les grandes voies de communication s'en sont écartées. Se dépeuplant progressivement, le Morvan est resté tel qu'il fut : un vestige archéologique vivant. Dans cette autre forêt de Brocéliande, de mystérieuses légendes hantent les sous-bois, les pierres branlantes et les rivières à truites.

Député de la Nièvre, François Mitterrand s'est laissé prendre au charme de cette région qui lui parlait d'histoire et de mort, se recueillant dans cette atmosphère si particulière où le silence métaphysique pénètre jusqu'à l'esprit. Dans l'encadrement de la fenêtre de sa chambre à l'hôtel du Vieux-Morvan où il résidait lorsqu'il était à Château-Chinon, c'est le mont Beuvray qu'il voyait renaître dans la clarté du jour.

François Mitterrand n'est pas resté dans la religion de ses pères. Il s'est échappé dans les ciels tourmentés de la politique et des peintres romantiques tout en s'accrochant à une espérance d'éternité qu'il croyait découvrir dans les forces de la nature ou dans le mystère des pyramides.

Bref, s'il est une chose qu'on ne peut pas reprocher à François Mitterrand, c'est son attachement au Morvan. Ce n'est un secret pour personne ; l'homme aimait la nature, la culture, l'Histoire, et en particulier l'archéologie car c'est la science de la recherche des origines.

C'est au mont Beuvray que François Mitterrand voulait se faire enterrer – toutes ses déclarations le confirment – et il faut bien se dire que c'est au mont Beuvray que ses cendres seront ramenées, un jour ou l'autre, en grande pompe, à l'exemple de ce que notre passé a connu pour des personnages importants.

Alors qu'il avait décidé de se faire inhumer sur ce site, pourquoi François Mitterrand a-t-il brusquement changé d'avis ? Pourquoi a-t-il choisi de s'exiler à Jarnac ?

Tout a commencé le 16 octobre 1979, lorsque le directeur des antiquités historiques de Bourgogne a annoncé qu'il était question de sortir de l'oubli l'illustre site de Bibracte.

Oppidum le plus important et le plus riche du peuple éduen selon César, Bibracte est une des rares forteresses gauloises à avoir été citées par le Grec Strabon. C'est sur ce haut lieu que Vercingétorix rassembla, pour la première fois de notre histoire, les différents peuples de la Gaule face à César, avant la bataille d'Alésia. Au Ier siècle avant J.-C., les Éduens de Bourgogne prédominaient en Gaule.

Le souvenir de Bibracte s'est perdu au fil du temps. L'esprit conditionné par les auteurs latins, nous nous sommes appelés d'un nom qui n'a jamais existé : « Gallo-Romain » et on nous a appris à l'école à mépriser la barbarie « païenne » de nos pères.

En 1980, le dossier du mont Beuvray est soumis à la réflexion de François Mitterrand. Cinq ans plus tard, le Président fait sa première visite officielle au site, entouré de nombreux ministres dont celui de la Culture, Jack Lang. Pierre Joxe est présent. Le mont Beuvray est déclaré « site national ». Sur la plaque commémorative, on inscrit la phrase suivante : « Ici s'est faite l'union des chefs gaulois autour de Vercingétorix. » Tragique erreur ! À l'issue de son allocution dans laquelle il appelle les Français à la cohésion nationale, François Mitterrand se recueille face à la grande plaine de l'Histoire comme il aime le faire depuis la roche de Solutré. On affirme que les fouilles laissent augurer d'importantes découvertes. On s'engage devant l'opinion à la tenir au courant avec la plus grande célérité et sans restriction aucune.

À Autun, on déclare : « Le mont Beuvray sera peut-être le plus grand site de l'Occident. » Les Celtes, oubliés de l'Histoire, sauf de poignées d'illuminés, allaient-ils enfin avoir leur capitale royale ?

La presse annonce, en 1990, que le président de la République a décidé la construction sur l'*oppidum* d'un Centre archéologique européen, d'un musée de la civilisation celtique et l'aménagement de ce site de 135 hectares. Site national, chantier-école international, drainant chaque année la fine fleur de l'archéologie nationale et européenne, outil de rêve pour l'archéologue, le Beuvray reçoit chaque année un budget de plus de 3 millions de francs.

Le 4 avril 1995, Mitterrand inaugure sur la hauteur du mont Beuvray, considérée comme le site de Bibracte, le dernier de ses Grands Travaux : le Centre archéologique européen, avec son musée consacré aux Celtes. La construction de ce Centre, dont l'ambition est de montrer la grandeur de la civilisation protohistorique et celtique qui rayonna sur toute l'Europe avant la conquête de la Gaule par les Romains de Jules César, devait marquer le point culminant d'un projet de grande envergure au bénéfice d'une archéologie française en quête de reconnaissance nationale et internationale.

La veille de cette visite, enfoncé dans ses certitudes, le président du Conseil général de la Nièvre reprochait au président du Conseil régional ses réserves pourtant fondées. Le jour de l'inauguration, à l'étonnement des journalistes, il n'y eut aucun discours, ni du président de la République, ni du ministre de la Culture.

Le 15 mai suivant, le président de la République accorde au *Monde* une interview dans laquelle il met en exergue l'importance de l'Histoire, véritable culture de l'homme politique, mais il rejette sur l'historien la responsabilité de l'interprétation. Étonnant testament. Quelques jours plus tard, *L'Événement du jeudi* révèle que François Mitterrand (en réalité Danielle Mitterrand) a acheté une parcelle d'un are sur le site classé.

Les articles pleuvent. Le sénateur-maire de Château-Chinon dément. *L'Événement du jeudi* l'accuse et porte plainte à son encontre. François Mitterrand a bien acheté la parcelle le 5 mai 1995, bien que sa signature n'apparaisse pas sur les documents montrés par la presse. Cet achat est entaché d'irrégularités. Les touristes se rendent sur le mont Beuvray pour voir le futur lieu d'inhumation. Une association se crée pour racheter la parcelle.

Dans *Paris Match* du 28 septembre, Danielle Mitterrand explique pourquoi, elle et son mari, ont décidé de se faire enterrer sur le mont Beuvray. Elle insiste sur le fait qu'ils n'ont pas pris cette décision par rapport à l'histoire du site mais en raison de la tranquillité du lieu, de la proximité de Château-Chinon et de l'école où son père a enseigné. Elle ne prononce pas une seule fois le nom de Bibracte.

Le 25 octobre 1995, le *Journal de Saône-et-Loire* révèle que François Mitterrand a confié au sénateur-maire de Château-Chinon que s'il ne peut se faire enterrer au mont Beuvray, il envisage de porter son choix sur Latché, ou de faire répandre ses cendres sur le site gaulois. En fait, comme les rois, jamais Mitterrand n'a voulu être incinéré.

Ainsi que l'a remarqué un de ses chroniqueurs royaux, « cette roche qui n'était rien, qu'un amas de pierres préhistoriques, un accident de terrain, il en a fait le lieu de son histoire, le lieu d'une éternité française née là, un jour, sous les replis de cette roche ». Ces chroniqueurs sont bien sûr l'écho des scribes de l'Égypte pharaonique. Georges-Marc Benamou, qui traitait Mitterrand de chef de tribu gauloise, a même ajouté : « Pourtant, le mont Beuvray, c'était un beau rêve. Pas un mausolée, pas une folie, juste dormir là au centre exact de la France, sur cette montagne lourde et noble, dans ce pays de magie, croiser peut-être un jour, endormie là-haut, la vouivre, et avec elle, le cortège des esprits qui, dit-on, habitent le lieu... montagne inspirée. »

L'esprit gaulois, le mauvais esprit de Mitterrand, voulait le mont Beuvray. Car la magie celtique frappe les esprits les plus austères. Venceslas Kruta, le plus grand historien celtisant du moment, l'affirme : « Je ne conçois pas d'être un historien des Celtes en chambre. Il me faut l'air, la terre, les paysages, les objets exhumés du sol. À travers un objet, vous entrez en contact avec l'individu qui l'a créé, qui l'a utilisé. Il y a quelque chose d'un peu magique dans tout ça. »

François Mitterrand ne choisit pas au hasard son mont Beuvray. Le dictionnaire de gaulois nous apprend que le mot bièvre, supplanté depuis par castor, remonte au gaulois *bebro*, *bibro*, qui a donné le nom de l'*oppidum* Bibracte. À Paris, rue de Bièvre, comme en Bourgogne, il poursuit un obscur rêve gaulois. D'où vient-il ? Henri Martin, un historien du XIXe siècle dont Mitterrand était familier, écrit : « Au commencement, les Gaulois habitaient au centre de l'Asie une terre qui s'appelait Arie. Cette terre avait la Sibérie au nord. » Nous verrons la fascination obstinée de Mitterrand pour cette terre hyperboréenne, source pour certains des Indo-Européens, des Gaulois en l'occurrence.

Bibracte donc : lieu du rassemblement des peuples gaulois soucieux de chasser l'envahisseur romain. Les Gaulois ont souvent été critiqués pour leurs divisions. Pourtant, leur énorme sacrifice humain (un million d'hommes) montre qu'ils ont tenté de résister ; Fustel de Coulanges écrivit de la tentative de Vercingétorix qu'elle marquait une volonté d'imposer une union des Gaules, et même une « monarchie absolue », une « grande monarchie ». De la même manière, Mitterrand, élu sur le malentendu de 1981, a vite voulu imposer sa force tranquille burgonde et son extatique état de grâce à la France tout entière. Une plaque sur le site de Bibracte, datée du 17 septembre 1985, précise bien que c'était là que les peuples gaulois s'étaient rassemblés pour retrouver l'unité nationale dont Mitterrand s'est voulu l'artisan.

Le site a d'autres qualités susceptibles de fasciner un esprit comme celui de François Mitterrand. Le mont Beuvray est recouvert d'arbres moussus aux formes torturées, quasiment humaines, murmurant sous les vents qui balaient la colline inspirée. Site immémorial, qui rappelle les forêts obscures de Dante ou de Tolkien, lorsque les *Ents* se mettent à parler et même à se déplacer. Dans un esprit digne du *Matin des magiciens*, Mitterrand a fait construire en bas de la pente ultime un musée moderne, aux faux airs de couvent scientifique jungérien, œuvre de l'architecte Falucci. Il poursuit sur sa lancée archéofuturiste, qui inspire d'autres aventuriers suspects. Ainsi, le rapport de l'Assemblée nationale sur le département protection sécurité (DPS) précise que de nombreux skinheads s'y retrouvent tous les ans, pour rendre hommage aux forces obscures du haut lieu. Renouant avec les pratiques rituelles de ses ancêtres, un des énergumènes s'est rendu coupable d'actes de cannibalisme en Birmanie.

Site païen et métapolitique, le mont Beuvray ne suffit pas à Mitterrand lorsqu'il décide remonter le temps. Ne précise-t-il pas à Georges-Marc Benamou qu'il est français d'avant la France ? Il n'y a aucune raison de ne pas le croire. S'il est enterré à Jarnac, c'est tout près de dolmens et de sites mégalithiques, comme celui de La Garde-Épée. Fasciné par le druidisme et même les Celtes d'avant les Celtes (les bâtisseurs de mégalithes), Mitterrand n'en finit pas d'appliquer le commandement soufi : « Remonte vers ta source. »

Plus ancien que Bibracte, Solutré. Alors que le Beuvray irradie dans le brouillard et dégage des lueurs hyperboréales, Solutré, selon Mitterrand, engendre de la « lumière noire ». La sèche falaise solutréenne contraste avec les arbres humanoïdes du Beuvray. De Solutré s'accomplit un autre rite ; l'esprit voyant y célèbre la préhistoire et ses sacrifices. Ce ne sont plus quarante siècles, mais quatre cents qui le contemplent ; et c'est là qu'il puise sa force au puits sans fond de l'origine. Mitterrand a voulu autant marquer la préhistoire que l'histoire de France. Dans *La Paille et le Grain*, il évoque la « mémoire obscure de l'espèce, celle qui se souvient des symboles et des mythes » ; plus loin, à propos du Morvan, il encense la montagne noire de la Gaule, « l'antique mémoire des frontières sémantiques ». Pour lui, le sol est tribal et organique, païen et signifiant, et c'est sans doute pour cela qu'il se repère à chaque pas, selon Séguéla, où qu'il se trouve en France.

Flanqué du mont Tharot, homonyme du dernier médecin de Mitterrand, le mont Beuvray suscite une nouvelle question : jusqu'où faut-il remonter pour entendre le vieux druide ? Il donne la réponse en préfaçant un livre d'art intitulé *De Lascaux au Louvre* : « Je ne saurais vivre sans retrouver périodiquement le cadre et les rythmes de la nature. Le Grand Louvre rejoint Lascaux : longue chaîne humaine de travail, de détresses et d'espoir. » Il y a ainsi stricte continuité du Louvre à Lascaux, de Solutré à l'Élysée. Le mitterrandisme n'est pas soluble dans le temps.

Car Mitterrand, surnommé par beaucoup le pharaon républicain, remarque dans le même texte, en bon sosie de Seti Ier, la similitude de civilisation entre l'Égypte et la France : « Les Égyptiens, dont l'existence dépendait de la fertilité dispensée par le Nil, savaient bien que tout commence par la terre et que tout y revient. Les paysans de France l'ont compris eux aussi depuis le néolithique, voire auparavant. » Cet éternel retour à la terre qui ne ment pas est célébré cinquante ans après Vichy. Mais relevons l'essentiel : la communauté de destin entre l'Égypte et la France, qui est une évidence ésotérique et exotérique, par-delà les activités paysannes et les fleuves sacrés, communs à ces deux pays anciens et dirigés par des lieutenants de Dieu sur terre, chargés par le Ciel de répandre sur leurs sujets une pluie de bénédictions. L'obélisque de la Concorde, Champollion, la pyramide aujourd'hui, retracent cette tendance lourde, perceptible aussi dans le domaine ésotérique : René Guénon a fini ses jours en Égypte. Jean Phaure, dans *La France mystique*, établit des liens très anciens entre les deux terres ; Jean

Hani récense les points communs de ces deux monarchies sacrées. Seti Ier, Men-Ma-Tre (l'anagramme presque exact de Mitterrand, dont le riche patronyme évoque également le *Métatron* de la Kabbale, le *Mitran* mandarin et bien sûr le Mithra solaire et taurochtone, né en Perse et répandu en Gaule par les légions romaines), grand architecte, jardinier de l'Égypte, prince des cinq protocoles ; comme l'a dit le président Hosni Moubarak en 1996, Mitterrand en savait plus sur l'Égypte que beaucoup d'archéologues.

Le lien entre l'Égypte et la Gaule passe bien sûr par la Grèce (Jean Phaure). La légende veut que Pythagore ait voyagé de la Perse à la Gaule, en passant par la Grèce et l'Égypte. Il a terminé ses jours à Cortona, ville jumelée à Château-Chinon, où l'on a retrouvé un tombeau étrusque baptisé tombeau François par les archéologues. Pythagore est surtout connu pour sa croyance en la métempsycose, similaire à celle des druides, et qui frappa tant les Anciens. Les druides croyaient comme Mitterrand aux « forces de l'esprit », et savaient qu'ils ne nous quittaient pas en mourant. C'est un voyageur grec, Poseidonios, autre sosie de Mitterrand, qui a exploré ces similitudes entre la foi grecque et gauloise ; mais la métempsycose est aussi un *credo* de l'hindouisme traditionnel. Poseidonios popularise dans l'Antiquité la doctrine de l'âge d'or, thème récurrent dans toutes les traditions initiatiques.

Le lien entre les deux traditions peut encore être établi à propos de Mitterrand, adorateur funéraire de Bibracte et de la pyramide. Nous verrons que la barque de Rambouillet, l'un des Grands Travaux les plus occultes, représente Mitterrand en pharaon traversant, à bord d'une barque solaire, le fleuve de la mort. Mais voici ce que l'historien britannique Christopher Hawkes écrit : « Il est probable que le cercueil primitif des rois gaulois représentait un navire creusé dans un tronc et que l'idée d'un voyage sur l'eau vers l'Autre Monde vient ici d'éclore, peut-être en définitive de l'Égypte, grâce aux relations des Baltes avec les gens du Sud qui empruntaient alors la route de l'ambre. » La barque de Rambouillet est aussi bien gauloise qu'égyptienne. Par ailleurs, un des fameux labradors du Président se prénommait Nil, l'autre Baltique, pour ne pas parler du dieu Seth symbolisé par un âne ; il y avait deux ânes à Latché. Latché, pays des confluences climatiques et culturelles, toujours selon Mitterrand. Cette confluence des civilisations a fasciné l'ancien Président : « Si j'ai choisi la pyramide de Peï, écrit-il, c'est parce que j'y voyais une forme symbolique. Une opposition et une réconciliation. Elle engage au voyage dans le passé sans occulter le paysage monumental qui l'entoure. Aux masses opaques des tombeaux pharaoniques, la pyramide substitue lumière et transparence. » Il y a ainsi une séquence, logique et irrationnelle à la fois, qui mène de la préhistoire à l'Égypte, de l'Égypte à la Gaule (Mitterrand est un pur gauliste à cet égard), et de la Gaule à la France des rois, que Mitterrand vénérait à Saint-Denis. Dans la tradition initiatique, la chaîne des mondes relie les mondes les plus divers sous le prisme de la Tradition et de la Gnose, la connaissance initiatique.

Mitterrand a-t-il été initié au sens traditionnel du terme ? Ou a-t-il rêvé, comme beaucoup de nos contemporains, d'entrer en contact avec des supérieurs inconnus susceptibles de répandre sur lui leur connaissance bienfaitrice ? Il a insisté sur la chaîne qui relie Lascaux au Louvre. Or, un de ses rares maîtres connus, Antoine Mauduit, a créé pendant l'Occupation un ordre religieux et chevaleresque qu'il avait baptisé la Chaîne. D'après Bernard Conte (*L'Utopie combattante*, Fayard), cet ordre, qui suivait une stricte règle de vie à Montmaur, dans la région de Gap, s'inspirait de Léon Bloy, ennemi de l'argent mais surtout partisan d'une restauration monarchique et médiévale. Mauduit désirait « dépasser l'individualisme bourgeois sans céder aux tentations des mystiques fusionnelles de masses, et créer des noyaux dynamiques propres à régénérer par la contagion de l'exemple un tissu social à venir »[1]. Mitterrand, à la même époque, se prend pour un Fidèle d'Amour, comme Dante Alighieri, ce panégyriste médiéval d'un gouvernement mondial. Il s'évade d'Allemagne pour retrouver sa Béatrice (la future Catherine Langeais) en terre sainte, c'est-à-dire en Gaule. Il rêve peut-être à travers Pétain d'un destin monarchique et gaulois, du Grand Celtique de Nostradamus. En invoquant, à cinquante ans de là, Bibracte, Solutré, les pyramides et Lascaux, il se situe dans une lignée initiatique d'illuminés. Comme Nerval, il espère « ramener

1. Selon Serge Klarsfeld, c'est Mauduit, fusillé par les Allemands, qui a éloigné le jeune François Mitterrand du vichysme.

l'ordre des anciens jours ». En ce sens, cet amateur obsessionnel de symboles enfouis dans la « mémoire de l'espèce » se situe dans ce que Guénon nomme la Tradition primordiale hyperboréenne. Lui qui dénonçait, comme Guénon, le règne de l'argent, les luttes infernales, la mort de l'esprit, a désiré retrouver vers la fin de sa vie une origine mystérieuse, lieu où la chose se tient, où l'espace et le temps, comme dit Wagner dans *Parsifal*, se rejoignent. Il l'a fait d'une manière paradoxale, à la fois discrète et médiatique, pensant que ce qui se fait au vu et au su de tous passe en général inaperçu. Cette tradition hyperboréenne (le mot grec désigne l'extrême Nord du monde) est censée s'achever avec la fin de l'âge de fer des Grecs et des Hindous. Et elle guette, cette tradition, sur fond de catastrophes climatiques et d'holocaustes animaux, de destructions de bouddhas et de dérision généralisée, une restauration traditionnelle monarchique et cyclique. En ce sens, elle rejoint paradoxalement – c'est toute la trajectoire de Mitterrand – les attentes angoissées des prophètes agités du *New Age* ou de l'ère du Verseau. Et ne nous a-t-on pas promis une nouvelle fois de changer d'ère ?

2.

Les géographies sacrées

Mitterrand a toujours aimé voyager ; ses nombreux déplacements en Concorde, en tant que Président, lui ont été maintes fois reprochés, comme si un Président avait pour vocation de se déplacer sur des lignes régulières.

Les lignes irrégulières existent, si elles doivent être différemment comprises et assimilées. Comme beaucoup de ses contemporains, Mitterrand a commencé à voyager après la guerre. Il a aussi voyagé pendant la guerre, et c'est le fameux « Pèlerinage en Thuringe », trop fréquemment analysé à travers le simple prisme politique.

Les textes de Mitterrand nous enseignent toujours quelque chose sur le génie des pays qu'il a traversés ; avec quelques points forts : la Chine, la Sibérie, Israël, la Grèce, le Mexique, l'Inde, terres riches de symboles, terres fascinantes pour les esprits racés, littéraires, amateurs d'énigmes historiques. Ne dit-on pas que *Mitran* signifie l'énigme en mandarin ?

Muni de son chapeau, du manteau d'invisibilité, de son écharpe rouge et d'un bâton, François Mitterrand est un marcheur. Sa canne lui sert à gratter le sol, dénicher un champignon ou chasser un insecte plus qu'à s'y appuyer. Le bâton : on se souvient que les Guignols de Canal + avaient fait du Président une marionnette fantôme qui traitait tout le monde d'imbécile voire de « bécile ». Or, un imbécile est un être qui n'est pas rattaché à la tradition de saint Roch, c'est, étymologiquement, un être dépourvu de bâton : *im-baculus.* L'insulte suprême.

Pourvu de ce bâton de pèlerin, Mitterrand a couvert le monde et illustré par ses promenades et ses pèlerinages, dont celui de Solutré, sa vocation de « noble voyageur ».

Le voyage a une signification spirituelle et symbolique dans toutes les traditions. Les errances de Gilgamesh, d'Héraklès ou de Sinbad, celles d'Ibn Arabi ou de Dante sont des quêtes spirituelles réservées à des aventuriers au pur sens du terme, des hommes de force et d'action, avec leur lot de franchissements, d'obstacles et de caps atteints ou dépassés. Autant de degrés initiatiques qui ont nom descente aux Enfers, navigation vers les îles occidentales (Avalon dans la tradition celtique, Avallon sur la route burgonde) ou vers le nord du monde, visite d'un lieu ou d'un château enchanté, affrontement d'un monstre quelconque, préposé, comme Cerbère, à la garde d'un seuil interdit. Dans la tradition musulmane, on distingue la « Grande Route » ou *shariyah,* parcourue par tous les êtres, qui se manifeste à travers les cinq règles fondamentales de la pratique religieuse, et la *tarîqah.* La *tarîqah* est le « sentier », la voie étroite qui n'est suivie que par un petit nombre. Chaque *tarîqah* tend vers un point unique, qui est la réintégration de l'« état primordial », symboliquement exprimé par le centre suprême, Montsalvat dans *Parsifal*. Le cheminement du chevalier a un symbolisme initiatique évident. *Sétanta*, le premier nom du héros irlandais Cuchulainn, veut dire « cheminant » en breton. Ogmios, le dieu de la guerre et de l'éloquence, a le même sens, mais en grec.

Hors de France, le premier pèlerinage de François Mitterrand se déroule en Thuringe. Il y a évidemment une ambiguïté ironique qui pèse sur le mot « pèlerinage », comme si le transfert par wagons à bestiaux pouvait s'apparenter à un cheminement pieds nus vers Saint-Jacques-de-Compostelle. Le Président doit s'en expliquer : « Vous ne voyez pas le côté ironique, littéraire, vous voyez le côté pieux, vous ? Vous croyez que c'était un plaisir d'être un prisonnier ? » Mais justement, nous y voyons un côté religieux, tout comme il y a une dimension satanique lorsque, à la même époque, on transporte d'autres hommes, des millions d'hommes, vers des camps de la mort. Du reste, pour le jeune auteur, c'était déjà « un curieux voyage, un curieux pèlerinage ».

Notons que la Thuringe intéresse l'histoire de la France. En effet, Childéric Ier, roi des Francs saliens, qui régna vingt-quatre ans sur notre territoire, épousa pendant son exil la veuve du roi de Thuringe. Le fils de cette union fut Clovis, fondateur de la monarchie française qui régna à partir de 496.

L'arrivée de Mitterrand en Thuringe, c'est avant tout un défilé de villes qui nourrissent une profonde réflexion historique : « Nous traversâmes Eisenach que Luther habita pour y traduire la Bible en langue populaire ; Erfurt où, devant son parterre de rois (...), Napoléon dicta ses volontés suzeraines (...). Il me semblait que l'Histoire déroulait pour moi sa leçon continue : Gotha, Eisenach, Erfurt, Weimar, le duel franco-allemand, le long des siècles, était là ramassé dans ces quatre noms. » À aucun moment on ne sent sourdre dans ce texte d'hostilité contre l'Allemagne. Mitterrand voit même « que de la souveraineté d'un peuple allait surgir la souveraineté des nations », notant ainsi l'importance historique de la Révolution française qui, en gaspillant les forces françaises, allait donner corps à l'idée d'Europe : « La France, en nourrissant l'Europe de ses ambitions fraternelles, en imposant son ardeur guerrière, en répandant son sang hors de ses frontières (...), s'était épuisée. » Et notre auteur de noter le progressif déclin de la puissance française depuis lors. On lui en a fait grief, sous le prétexte que cette vision était de droite ; or, première puissance mondiale en 1789, la France, après cent cinquante ans de « modernité », est ravalée au rang de puissance moyenne, vieillissante et balayée par l'Allemagne en trois semaines. Certes, avec l'appui de la cinquième colonne des *dibbouks* (esprits) gaulois.

Les nationalistes allemands ont souvent été francophiles. Goethe pardonnait les exactions françaises commises sur son sol, pour la seule scène d'exposition de *Tartuffe*. Hölderlin célébra le génie de Rousseau et de la Révolution française et Nietzsche la psychologie et l'aristocratie françaises. Jünger a toujours été francophile. Friedrich Sieburg se demandait même si Dieu n'était pas français. On peut dès lors comprendre comment un esprit ouvert, formé pourtant par une tradition nationaliste et élevé dans les affres des conséquences de la Grande Guerre, a pu, comme de Gaulle une génération plus tôt, faire effort sur lui-même et prôner comme personne le rapprochement franco-allemand, clé de voûte de la construction européenne. C'est dans cette perspective de réconciliation au sens hégélien du terme qu'il faut relire le discours commémoratif du 8 mai 1945, prononcé par Mitterrand à Berlin en 1995 : « Je ne suis pas venu souligner une défaite, parce que j'ai su ce qu'il y avait de fort dans le peuple allemand, ses vertus, son courage. Et peu m'importe son uniforme, et même l'idée qui habitait l'esprit de ces soldats qui allaient mourir en si grand nombre. Ils étaient courageux. Ils acceptaient la perte de leur vie, pour une cause mauvaise, mais leur geste à eux n'avait rien à voir avec cela. »

Cette vision épique de l'Histoire, par-delà le bien et le mal, est dans la grande tradition européenne. Elle va, certes, à l'encontre de la *shame culture* qui aujourd'hui tend à culpabiliser toute l'Europe pour les crimes d'une poignée de ses fils apostats. Dans la tradition gaullienne, elle célèbre l'Europe à travers la patrie (« Chateaubriand, Goethe, Dante étaient européens parce qu'ils étaient d'abord français, allemand, italien »). C'est pourquoi Mitterrand ajoute ce jour-là : « L'Europe, nous la faisons, nous aimons nos patries. Restons fidèles à nous-mêmes. Relions le passé et le futur, et nous pourrons passer, l'esprit en paix, le témoin à ceux qui vont nous suivre. »

Comparant le Russe et l'Allemand, Mitterrand

s'emporte : « Comment distinguer le courage du soldat allemand et le courage du soldat russe, qui l'un et l'autre ont dû mener des batailles terribles, chacun pour son idéal sans doute, mais chacun surtout pour sa terre ? » Cette sortie formidable a son équivalent encore chez de Gaulle. Le Général, visitant le champ de bataille de Stalingrad, s'exclamait : « Ah ! les braves gens ! – Qui ? les Russes, mon général ? – Mais non, bien sûr ! Les Allemands ! »

Prisonniers des Huns, les Nibelungen assistent à leur propre fin. Mais cette mort ne peut-elle être également une transformation, une renaissance spirituelle ? Ainsi en est-il de cet enfermement mitterrandien en Allemagne.

Chaque grand initié connaît sa période d'engloutissement, de descente aux Enfers, au cours de laquelle il se transforme. Ce symbolisme est universel : la descente du Christ dans les Limbes, Jonas dans le ventre de la baleine, Énée aux Enfers avec son rameau d'or, Dante aux Enfers et au Purgatoire, les initiations primitives (décrites par les ethnologues ou Mircea Eliade) concordent pour signifier la même transformation spirituelle. Les héros de Jules Verne, dans *Voyage au centre de la Terre* ou *Les Indes noires*, vivent les mêmes aventures, traversent les mêmes transformations.

Il semble que l'expérience du camp de prisonniers, qui est d'ailleurs à l'origine du succès de Mitterrand, tant sur le plan de la Résistance que de la politique, ait profondément marqué notre sujet. « Ma grande révélation a été la captivité, déclare-t-il à Roger Priouret. J'ai connu le dénuement, j'ai connu la solidarité. J'ai découvert... que j'avais une très bonne capacité de survie. »

Aucun pèlerin n'est vraiment lui-même s'il ne remonte vers sa source, c'est-à-dire vers l'Orient. L'itinéraire de Paris à Jérusalem a pu se prolonger au XXe siècle. Mais au Moyen Âge, l'Orient désignait la perfection d'une perle. Ou même le Christ.

Georges-Marc Benamou écrit : « Il voyagera aussi, Venise, l'Égypte, l'Asie Mineure, l'Orient. Il dit l'Orient comme on le disait au XIXe siècle, avec une sorte d'audace et d'émerveillement, sans qu'on sache vraiment où situer cet Orient-là, cette fuite. Il y croit très fort, à son Orient, et cela donne au vieil homme un éclat de jeunesse. »

Étudions ces terres qui intéressent tant notre Président. Au premier rang, la Sibérie. *Sibir* désigne en russe la « terre endormie », dont Lomonossov, le savant et philosophe des Lumières russes du XVIIIe siècle, annonçait le prochain réveil, que nous attendons toujours. Mitterrand cite ce philosophe : « La puissance russe sera sibérienne. » La Sibérie est le *Niflheim* scandinave, la terre de glace et de grêle du Président : elle « exerce sur mon esprit un véritable sortilège ». Cette terre magique noue avec l'esprit qui nous intéresse des liens magiques, comme tant d'autres lieux sacrés. Jacques Séguéla, éminemment intuitif, l'a compris : « D'abord, les lieux mythiques. Les grandes déclarations se font dans les lieux qui marquent : le Panthéon, Cancún, la Knesset, le Bundestag, la tribune de l'ONU, mais aussi, régulièrement, Solutré. »

« Quand on considère la Sibérie à partir du pôle,

écrit Mitterrand, impossible de ne pas être subjugué par le rivage qu'elle déploie le long de l'océan Arctique et dont la forme évoque une aile ouverte. » Deux points importants : le point de vue polaire, qui est par excellence le point de vue traditionnel, où se situe l'origine hyperboréenne de la tradition primordiale. Mais la Sibérie est en quelque sorte « l'île au nord du monde », dont ont parlé toutes les traditions ; la Thulé des Grecs, ou l'origine arctique des *Veda*, évoquée par le savant et homme politique indien Lal Gandhabar Tilak.

Le point de vue de l'immensité ensuite, qui fait de la Sibérie le cœur du *Heartland* du géostratège MacKinder, lequel influença par ses théories le général Haushofer, lui-même l'un des maîtres à penser en matière stratégique du IIIe Reich. Ce sont en partie les théories de Haushofer qui ont déterminé les positions de Hitler concernant le conflit avec l'Union soviétique. Qui tenait la Russie et donc la Sibérie tenait le *Heartland*, le cœur du monde, et donc le monde. Aujourd'hui, MacKinder est de nouveau le théoricien de référence des partisans du Nouvel Ordre mondial.

Pour Mitterrand, la Sibérie est un vocable fascinant. « Se créait à la longue, écrit-il, un envoûtement magnétique qui absorbait toute pensée. À force d'attention je me sentais dissoudre et me fondre dans un être sans limites et je me répétais cette phrase de Tennyson dont la lecture m'avait naguère intrigué et qui s'éclairait maintenant : “C'est le limpide du limpide, le certain du certain, l'étrange de l'étrange, totalement au-delà du langage, où la mort est une impossibilité presque risible.” » Mitterrand vit une expérience proche de celle des cosmonautes de *Solaris*, le film de Tarkovski, ou de celle de l'astronaute Dave Bowman dans le livre et le film *2001 : l'odyssée de l'espace* : une expérience technique et magique, une expérience technochamanique (puisque nous sommes en Sibérie), une expérience religieuse moderne.

La Sibérie n'est pas que cela. Futur proche de l'humanité, nouvelle terre pionnière, la Sibérie est aussi le *Far East* du XXIe siècle. « Le sous-sol de Sibérie contient 80 % des réserves mondiales d'énergie, rappelle Mitterrand. Des villes qui n'étaient que dix baraques ou rien du tout surgissent. Retenez leurs noms : Tioumen, Bratsk, Ust-Ilimsk, Samotlor, Medvezki. Novossibirsk s'enfle à un million et demi d'habitants. Akademgorodok aligne ses rues droites, parallèles, qui se rejoindront à l'infini de la science. » Ici encore, le nom revêt un pouvoir invocatoire qui impressionne notre amateur de mots, notre logophage. La brève allusion à Akademgorodok, la « ville académique », fait penser à ces cités utopiques des Campanella, Bacon et autres Ledoux. Il y a là un rêve urbain qui se met en place et annonce les Grands Travaux.

Sur la route de Marco Polo ou de l'écrivain polonais Ossendowski, Mitterrand gagne l'empire des steppes, où vont se perdre les Burgondes dans la mythologie des Nibelungen.

L'une des dernières destinations de Mitterrand a été le Turkménistan. Si, comme l'écrit Laure Adler, « le Premier ministre a choisi le jardin des supplices en Chine, Mitterrand a préféré le désert des civilisations enfouies. L'idée d'aller à la rencontre de la civilisation des Parthes l'enchantait il y a quelques mois ». Mitterrand a eu ainsi plaisir à s'entretenir de « l'intelligence de la princesse Rodogune et des stratégies du général Sulema ». Aux confins de l'Empire romain, l'Empire parthe fut le seul constant adversaire de Rome ; il écrasa les troupes de Crassus en 53 avant J.-C. L'Empire parthe représente la limite, le *limes* oriental entre l'Orient et l'Occident. Il représente aussi la route de la soie, l'empire des steppes décrit par le grand historien René Grousset, tout un tissu de rêves et de légendes, à la lisière de Samarkand, Gengis Khan, Bajazet ou la Horde d'or, susceptible de faire rêver un voyageur aussi passionné. Il lui sera fait un présent cause de tracas, le cheval *akhal-tekke*, descendant des chevaux de Gengis Khan. Quand deux rêves se croisent à des siècles de distance... Don royal au symbolisme psychopompe (conducteur d'âmes), le cheval devra être présenté à la presse.

Sur la route de la soie (ou du soi...) de Marco Polo, Mitterrand a toujours été attiré par la Chine, sur laquelle il a même écrit un livre. Son habileté manœuvrière, sa discrétion, son culte du secret, sa réputation de dureté en ont fait dans l'esprit du public un mandarin après l'heure. Son sang-froid, sa sagesse et son tellurisme païen lui confèrent une très évidente aura taoïste ; Mitterrand a souvent agi politiquement par le non-agir. Il a eu en commun avec le monde chinois ce culte effréné de sa tradition, de son enracinement et cette volonté brutale de passer dans le socialisme, avant de s'accommoder, pour éviter une catastrophe de type soviétique, du capitalisme. Ses Grands Travaux sont sa Grande Muraille, ses combats l'époque des Royaumes combattants, son ambiguïté et son mystère une version française du taoïsme. Lui-même admire deux choses dans la Chine : le respect de sa tradition paysanne et le président Mao. « Mao vivait les deux tiers de l'année loin de la capitale, de l'armée, du parti, de l'administration. Il cultivait les chrysanthèmes, qui ont deux cent cinquante variétés, et parfois les inaugurait. Il écrivait, je veux dire par là qu'il traçait des lettres et des signes sur des rouleaux de belle matière avec le soin jaloux des artistes de son pays. » Au-delà de la bonhomie du personnage, c'est sa remarquable et complexe personnalité de dirigeant-jardinier qui impressionne Mitterrand. Il faut être le jardinier de ses pensées, disait Nietzsche, et cette capacité à mettre sur le même plan les fleurs et les hommes a de quoi étonner plus d'un observateur. À distance, Mitterrand apprend ensuite que Mao, « tout en surveillant davantage Pékin, continue d'étudier la pousse de ses légumes et persévère dans ses expériences agricoles sur son "lopin" de terre ». Un mot d'Edgar Snow explique d'une manière définitive l'intérêt de Mitterrand pour le personnage : « Il était quelqu'un de très simple, un moine solitaire parcourant le monde sous un parapluie percé. » Il apparaît effectivement que Mao a été avec Mitterrand un des hommes d'État les plus « religieux », les plus « symboliques » du XXe siècle. À la mort de Mao, le premier secrétaire du parti socialiste français note : « Je le revois dans son jardin désolé par l'hiver et je l'entends me dire : "C'est la bonne saison." Il regardait la terre sous le ciel pâle comme le paysan qui sait que le printemps naîtra d'un long travail obscur. »

Les extrêmes géographiques se touchent, et Mitterrand retrouve l'Orient au Mexique, pays des observatoires mayas qui inspireront les Grands Travaux du Président. Après avoir fasciné Antonin Artaud, voyageur au pays des Tarahumaras, Jean-Marie Le Clézio ou Jacques Soustelle, le Mexique surprend François Mitterrand. Pays du vrai théâtre de la cruauté, gorgé de sang et de soleil, terre de dieux serpents et de pyramides, il a de quoi en effet enchanter un futur prince bâtisseur. « Difficile pays avec ses vingt races, ses cent langues et ses millénaires au présent. Il donne la sensation d'une puissance irrépressible, puisée aux forces telluriques, presque à fleur de soleil. » Le temple solaire inspirera le bâtisseur de la pyramide du Louvre et des colonnes de Buren.

L'apparition de Mexico est aussi un spectacle initiatique dont le témoin est digne : « Mexico vue d'en haut avec ses pierres levées ressemble à une immense nécropole. Vue d'en bas, c'est la vallée de Josaphat au jour de la Résurrection. » L'évocation des pierres levées, des « bétyles » qui charment tant Mitterrand, s'intègre dans ce paysage de mort et de renaissance, de désintégration et de renaissance. On sait que l'Inde célèbre la danse de Shiva-Nataraj qui apparaît aux hindous non comme celle de la destruction mais celle de la renaissance consécutive à l'anéantissement des passions qui mènent le monde. Aussi n'est-ce pas un hasard si, dans la même page de *L'Abeille et l'Architecte*, Mitterrand croise ce rayon solaire : « Nous apparut un lac bleu. En vérité, c'était un pan de ciel bleu. » Krishna naquit avec une tache noire à la poitrine et couvert de pourpre royale. La couleur bleu céleste était celle de son corps. « Nous approchions le cœur d'un dieu. » L'expérience de Mitterrand est caractéristique du *New Age* et des accès de mysticisme où, lorsque les uns voient danser Shiva, les autres participent à la danse cosmique de l'énergie, ou célèbrent une expérience vivante et immédiate. Le physicien Fritjof Capra a évoqué sa découverte de l'univers dynamique et de la plénitude. Le nombre de crises traversées par Mitterrand au cours de ses voyages montre qu'il est entré de plain-pied dans une nouvelle forme de spiritualité, détachée des croyances et des Églises.

Mitterrand découvre l'affrontement culturel et démographique Orient-Occident au Mexique, peuplé d'Indiens descendants de Mongols. En discutant avec un jeune universitaire, Andres, il s'entend dire : « C'est là, en vérité, que se rencontrent, que s'affrontent l'Orient et l'Occident. Ne criez pas au paradoxe. Nous sommes d'Orient. Les Indiens sont venus par le Nord... ils remonteront par le Nord. L'admirable retournement !... L'Orient investit la citadelle d'Occident et l'Occident agit comme s'il n'en savait rien. » Il est étonnant que Mitterrand n'ait jamais tenu ou fait tenir des propos similaires concernant la situation de la France face à l'Orient méditerranéen et au Maghreb. Guénon, Valsan et leur école ésotérique s'en sont chargés.

Et la Terre sainte où se rendaient les croisés partis de Vézelay ? Les rapports de Mitterrand et des juifs sont du plus grand intérêt. Nous les expliciterons plus loin. Mais l'attachement de Mitterrand à la terre d'Israël est aussi important. S'il poursuivit la politique arabe de la France, il fut aussi le premier

Président français à poser le pied en Israël. « Premier chef d'État français – depuis Saint Louis en 1251 – à venir en Terre sainte, François Mitterrand s'y rend en fait pour la septième fois », note Jacques Attali.

À la Knesset, notre homme va manier le symbole dans un discours improvisé : « J'attends des relations entre Israël et la France, dans un moment où il convient d'ensemencer, j'y vois la promesse de moissons futures... Celle qui nous apportera les fruits de la paix, de la prospérité, les fruits de l'amitié. » Cette paix devait être brutalement rompue par l'invasion du Liban qui survint quelques mois plus tard.

L'intérêt de Mitterrand pour Israël est connu : « Son histoire n'a-t-elle pas inspiré le type de civilisation dans laquelle je vis ? Et quel homme n'aimerait pas remonter à ses sources ? » Le pèlerinage en Israël est un retour aux sources pour un homme enraciné dans sa tradition française et chrétienne. Si cette évidence est devenue paradoxe, incriminons les temps.

Le pèlerinage le mène en 1976 à Massada, « l'admirable roc en sentinelle sur la mer Morte. L'an 76 avant J.-C., sur cet étroit plateau découpé en plein ciel, quand ils eurent compris que les Romains avaient vaincu, les derniers défenseurs zélotes – ils étaient huit cents, hommes, femmes, enfants – choisirent de se donner la mort ». Voici la leçon qu'en retire le visiteur : « Unité de ce peuple qui a su mourir pour durer. » On retrouve l'idée de mort et de renaissance pressentie au Mexique. On retrouve cette fascination de François Mitterrand pour la mort, cette invitation à nous dépasser à laquelle elle nous convie. Il a peut-être fait siennes ces phrases de Nietzsche : « Ce qui ne nous tue pas nous rend plus forts », et surtout : « Il faut mourir plusieurs fois pour devenir immortel. » L'exception juive, dans cette partie du monde tout au moins, a de quoi retenir son attention et son admiration. Mais Israël trouve aussi les mots émouvants pour célébrer la vie sacrifiée ; ainsi, par la bouche de Golda Meir : « Chaque soldat qui tombe, c'est un poème, une musique inachevée, une pensée stérile, c'est un monde qui disparaît. »

Autre escale sur le pourtour méditerranéen, la Grèce est musique et poésie, si elle est terre de philosophie et de liberté. « Pendant le trajet, je m'étais répété les noms que me renvoyaient les noms... dont l'assonance a déterminé pour toujours la mémoire de mon langage, Athènes, Éleusis, Mégare, Thèbes, Corinthe, Mycènes, Argos, Épidaure, Delphes, l'univers tout entier déployé dans les bornes étroites d'un canton de la terre. Mikis récitait lui aussi, à mi-voix, les syllabes familières, s'émerveillant qu'elles eussent gardé le mystère et la grâce d'un poème qu'on lit pour la première fois. » La Grèce est d'abord un phénomène sonore.

Mitterrand, pèlerin et païen en voyage, est d'abord sensible aux noms qu'il visite ; ils ont pour lui comme pour les poètes modernes une existence en soi. Les noms grecs, espagnols, français ont une réalité en eux-mêmes. Il est aussi très sensible aux sons, au rythme, à la prosodie. Ce goût, si présent dans ses meilleurs textes, date de l'enfance : « Je me repaissais en revanche de prosodie. J'apprenais par cœur des passages entiers d'Horace ou de Virgile, je les décomposais, je les découpais d'après les rythmes latins presque mécaniquement... j'y passais des soirées, par jeu. Je répétais les vers latins sans toujours bien les comprendre d'après ce rythme-là. » À la manière d'un Mallarmé, Mitterrand privilégie les sons au détriment des sens. Il préfère servir les mots que s'en servir. Du moins en théorie, puisqu'en politique il a superbement su les utiliser tout au long de son parcours. Il est vrai qu'« il est rare que la poésie ne soit pas découvreuse de forces telluriques », si grand est le « pouvoir des syllabes ». Borges décrit ainsi le pouvoir des syllabes dans *La Bibliothèque de Babel* : « Personne ne peut articuler une syllabe qui ne soit pleine de tendresses et de terreurs, qui ne soit dans l'un de ces langages le nom puissant d'un dieu. »

Rappelons ces lignes de François Mitterrand : « Nous avons écouté le rossignol d'Anzy-le-Duc. Orgueil, ivresse, pureté » ; ou bien : « Nous sommes restés longtemps à contempler la nuit aussi brillante qu'au mois d'août, sphère éclatée du monde originel. »

L'incantation a une origine religieuse, comme beaucoup des comportements et des postures de Mitterrand. Il pratique une technique immémoriale, la respiration, pour énergétiser les lettres, technique utilisée par les Grecs, les yogis, les kabbalistes aussi, de l'école d'Aboulafia.

Au XXe siècle, c'est T.S. Eliot qui a voulu, « hors de la boue des mots, de l'imprécision des mots, de la grêle et de la gadoue de l'imprécision verbale, célébrer l'ordre parfait du discours et la beauté de l'incantation ». Mitterrand n'est certes pas le seul bon orateur ou le seul avocat ayant fait de la politique ; mais ses visées, jointes à la remarquable architecture de ses phrases, témoignent dans son œuvre littéraire et politique d'une référence constante à l'incantation.

Le pouvoir du verbe – simple discours pour les autres politiques – est chez Mitterrand impressionnant : son art du discours est manifestement thaumaturge ; il essaie de soigner, de guérir. C'est en utilisant la parole que Mitterrand a su s'attacher le peuple de gauche, puis la plupart des Français. En effet, cette puissance magique du langage consiste à se substituer à la réalité en faisant exister ce qu'elle nomme. D'un mot, toute vie peut être gangrenée, si vide et faux que soit le mot. La parole a jeté un sort sur la vie. Par la parole flatteuse tout le passé est métamorphosé. Le présent s'y trouve ainsi héritier d'un passé qui n'a jamais existé. Mitterrand a essayé, en 1981, de « changer la vie » en « changeant les mots », de guérir la France par le verbe ; de Gaulle avait fait de même, comme tous ceux pour qui la politique n'est pas un vain mot. À charge ensuite pour la France de promouvoir le verbe hors de ses frontières naturelles et surnaturelles.

3.

« Dieu » et l'architecte

Une Arche (Noé), une bibliothèque, une pyramide, un Opéra-Bastille, que vous faut-il de plus ? Sans compter la barque solaire de Rambouillet où « Dieu » – ce surnom si signifiant dont fut affublé Mitterrand – vient traverser le fleuve des apparences. Tout un programme destiné à générer l'architecture d'une royauté future et universelle, conformément aux prédictions du livre de Jean Izoulet, *Paris capitale des religions*. Il y a le Mitterrand celte et gaulois, dionysien (de Saint-Denis...) et mérovingien ; il y a également le Mitterrand oriental, qui concilie l'Égypte et Israël, quelques années avant tout le monde, quelques années avant qu'on ne redécouvre l'enseignement freudien qui fait de Moïse et Pharaon le même homme, des Hébreux et des Égyptiens le même peuple. Rappelons qu'Asmodée, nom du scribe de Mitterrand au Stalag, est celui du démon bâtisseur qui assiste Salomon dans l'édification du Temple.

La dichotomie culturelle Gaule-Orient se retrouve dans le domaine politique : monarchie-république. Les deux ne s'opposent pas, ils sont complémentaires : les rois mérovingiens pensaient descendre des rois sacrés d'Israël ; la république s'est voulue la suite initiatique de la monarchie. En coupant la tête au roi, elle a reconnu son rôle sacrificiel. Elle aussi a voulu conjurer les divinités en bâtissant un art sacré. Cet art sacré s'intègre à un projet qui remonte une nouvelle fois au temps des pharaons : un projet global d'aménagement du territoire, un territoire consacré aux rituels, aux fêtes et aux célébrations. La construction des monuments amène l'harmonie et la puissance (*Maât*), la puissance et l'aménagement du territoire (*Sekhem*) ont pour but d'éloigner la subversion et le mal (*Isfet*). Il y a évidemment un ministère des Grands Travaux dans l'Égypte ancienne : le gouvernement (*Heqa*) inclut l'activité organisatrice et rituelle et la construction des monuments.

Mitterrand nous avait prévenus, il serait l'architecte, il contreferait le Grand Architecte. Son ancien collaborateur chargé de la communication, Gérard Colé, n'écrit-il pas à propos de « Dieu » : « Nous travaillions sur l'inquiétante progression de l'extrême droite que nous symbolisions par un triangle avec la pointe en bas : puissance néfaste ou force du mal. Ainsi, pour symboliser l'anti-Le Pen, il convenait de retourner le triangle. Et le triangle dans le bon sens, c'est le Grand Architecte. Donc, Dieu. » Les journalistes ont d'ailleurs fini par comprendre ; comme l'écrivait Philippe Alexandre : « Si le Grand Architecte lui laissait quelque répit... » Dans *Le Monde*, Philippe Chaslin rebaptise le Président « le grand architecte ». Qui est ce Grand Architecte, présent dans maintes traditions, y compris l'hindouiste où le dieu faiseur du monde répond au nom de Vishvakarma ?

Jules Boucher notait : « Quant à Dieu, la maçonnerie l'a remplacé par l'expression "le Grand Architecte de l'Univers". » Le même auteur franc-maçon précise plus loin : « Parmi tous les *landmarks* [principes inviolables] anglo-saxons, il en est un d'une extrême importance par les discussions qu'il a suscitées. C'est la croyance en l'existence de Dieu, considéré comme le Grand Architecte de l'Univers. » Ce dieu est pure intelligence, étranger à l'anthropomorphisme plus ou moins avoué des religions révélées : « Le Grand Architecte de l'Univers [GADLU] peut, dans une certaine mesure, être assimilé au démiurge platonicien dont l'intelligence nous échappe déjà. »

Mitterrand aimait bien sûr l'architecture ; il reconnaissait y être plus sensible qu'à la musique. Et être attiré par tous les immeubles, jusqu'à la forme de leur fenêtre. « Pour moi, c'est le premier des arts. De plus, c'est un art utile. J'apprécie donc les architectes, et je souhaite toujours les entendre. » L'architecture correspond à sa dimension d'écrivain, qui aime marteler ses phrases, et aussi de pèlerin, qui aime hanter les lieux sacrés et les églises romanes. Il avouait ailleurs : « L'architecture n'est pas seulement une enveloppe extérieure : elle révèle d'abord un contenu. Elle n'est pas neutre. » L'architecture a une fonction sociale, et surtout théurgique ; elle met en contact avec le Divin.

Cette architecture monumentale de François Mitterrand est avant tout urbaine. Mitterrand aime les villes : « Villes hautes, villes plates, le coup de foudre frappe où il veut. » Cette référence au coup de foudre est intéressante : l'inventeur du paratonnerre était Benjamin Franklin, franc-maçon venu en France pour y quérir l'aide de Louis XVI et incidemment pour aider à la préparation de la Révolution française, cette vaste initiation collective, dans le cadre de la conspiration illuministe de la Loge des Neuf Sœurs ; Franklin dont la devise était *eripuit fulmen sceptrumque caelo*, « il arracha au ciel la foudre et le sceptre ».

Mais continuons à relire Mitterrand : « Dans toute ville, je me sens empereur, ou architecte – ce qui revient au même –, je tranche, je décide, j'arbitre, je condamne, et ressemble en cela à mes concitoyens : chacun fait de son goût la règle. » La comparaison de l'architecte avec l'empereur ou le roi est édifiante : pour Mitterrand, le pouvoir, c'est le pouvoir de bâtir. Les empereurs chinois, les pharaons, les princes de la Renaissance, les rois de France, l'empereur Napoléon avec son temple de la Madeleine ne considéraient pas autrement leur mission : on bâtit pour durer, durer des millénaires. Et on bâtit pour rester dans l'éternité et rendre hommage aux divinités qui vous ont mené au pouvoir. Dès les années 70, Mitterrand, ancien charpentier de l'Orlathal ne l'oublions pas (pas plus que nous n'oublions qu'un charpentier était le père de Jésus), écrit : « L'essentiel est que l'art se sente libre d'imaginer et de bâtir... Le plan masse de la Défense respectait la perspective des Tuileries et de l'Arc de Triomphe. »

Mitterrand opposait ailleurs les « partisans de l'architecture verticale et partisans de l'horizontale » et se prend à rêver devant la majesté glacée des gratte-ciel américains : « Nous avons contemplé New York du soixante-cinquième étage du Rockefeller Center. Si l'expression poésie pure a un sens, c'est bien là. » On reconnaît le côté « parnassien » de Mitterrand ; Gautier célébrait déjà les vertus des arts plastiques, en particulier de la sculpture et de l'architecture.

Or, notre homme respecte scrupuleusement la grammaire et la syntaxe ; il « hait le mouvement qui déplace les lignes ». Mais il poursuit sa vision architectonique, presque hallucinée : « La géométrie de cette ville a les dimensions, les rythmes d'un poème. » La symétrie entre poésie et géométrie est ici affirmée avec force. Elle rejoint les intuitions des artistes de la Renaissance, poètes, grammairiens, architectes.

Puis vient la vision mortuaire, jamais très éloignée de l'obsession de l'éternité : « Au-dessous de nous s'ouvraient les entrailles de la terre entre les pans de murs des villes englouties. Le jeu des ombres et des lumières absorbait jusqu'à l'idée que l'homme eût existé », écrit-il dans *L'Abeille et l'Architecte*, dont le titre a une signification ésotérique précise : l'abeille représente la parole, le verbe divin ; l'architecte le constructeur, le démiurge chargé de mettre en place le plan divin conçu par le Grand Architecte. La ruche de l'abeille est le paronyme de la roche alchimique qu'il faut tailler, souligne pour sa part Fulcanelli. L'abeille, rappelons-le, désigne la parole en hébreu ; le mot *Davar* a donné Deborah.

Sa connaissance et son amour de l'architecture transparaissent également dans ces autres lignes de Mitterrand : « Que l'on puisse trembler de bonheur devant un nombre d'or, ligne d'un toit, cintre d'un arc, exacte mesure d'une colonne, que la couleur d'un mur auprès d'un autre mur, fatigue des ocres, brûlures des pourpres, bleu délavé, vous force à rester là, vidé de pesanteur, que toute maison soit palais, et tout palais navire... idée de Dieu, fête baroque, la beauté de Venise prouve d'abord que l'homme existe. »

Mitterrand aimait l'architecture moderne ; il n'a pas voulu copier, mais s'inspirer des projets antérieurs ; aussi apprécie-t-il les tours modernes, Babel du Nouvel Âge : « J'aime, je le confesse, les tours de la Défense et ne déteste pas celle de Montparnasse. » Pour l'alchimiste Fulcanelli, au-delà de la simple manifestation de l'ethos de supériorité des aristocrates, la tour désigne par kabbale phonétique le « tour de force ». En grec, *touros* désigne le but à atteindre. Et, ajoute l'auteur du *Mystère des cathédrales,* « rien ne saurait mieux convenir à l'expression figurée de la pierre des philosophes, dragon enclos en sa forteresse, dont l'extraction fut toujours tenue pour un véritable tour de force. Herméneutiquement, on peut donc considérer la tour comme l'enveloppe, le refuge, l'asile protecteur – les minéralogistes diraient la gangue ou la minière – du dragon mercuriel ».

Le symbolisme de la tour peut aussi être maléfique : que l'on pense à Babel, aux tours parsies au sommet desquelles les vautours venaient dévorer les cadavres, ou à la lame XVI des Tarots, la Maison-Dieu, où l'on voit choir deux personnages punis pour avoir défié les puissances célestes. De ces tours parsis, l'ésotériste Jean Parvulesco, dans *Les Mystères de la Villa Atlantis,* écrit : « Les grands immeubles modernes, d'acier et de verre bleui, qui, depuis plusieurs années, s'inscrivent lentement dans le ciel de Paris, comme autant de tours funéraires, ces tours du silence au sommet desquelles les Parsis abandonnent leurs morts à l'œuvre sanglante, à l'œuvre atroce et obscène des vautours. » Ces tours de verre sont-elles des cimetières de verre, notamment ceux des livres de la très Grande Bibliothèque ? Ce verre cher à Jünger, si définitivement proche du Président – et pas seulement de Jacques Attali... – qui nomma l'un de ses grands œuvres *Abeilles de verre*.

Mitterrand aimait les tours ; celles de la Très Grande Bibliothèque, sises comme des « livres ouverts » de cathédrale, celles de la Défense et celle de Montparnasse. Le mont Parnasse est une référence à l'Apollon grec, dieu des pythagoriciens et des Lumières entouré de ses neuf Muses. En guise de muses, Mitterrand y installa en 1974 son *Brain Drain* de campagne qui comprend déjà Attali et plusieurs frères maçons. Le quartier Montparnasse est un haut lieu maçonnique du Paris moderne : il comprend la place Raoul-Dautry, polytechnicien et synarque, créateur de la cité modèle Tergnier, deux colonnes (semblables à celles de Boaz et Jakin du temple maçonnique), une dalle maçonnique, le G de Gaîté-Montparnasse. Mais toutes ces hautes constructions ont un but souvent négligé : le déclenchement et la canalisation des forces éoliennes. Nous pensons au mythe de Pandore et de la boîte des vents ; ou aux colosses de Memnon qui chantaient aux oreilles des Grecs dans l'Antiquité...

De nombreux monuments parisiens et mitterrandiens sont des « usines à vent ». Ces vents sont destinés à générer des transformations mentales et spirituelles, à agir sur le psychisme des populations. Symbole de l'esprit, de la douceur, mais aussi de la colère et de la furie du monde, le vent est une force qui doit être maîtrisée. Que l'on pense au chevalier

Don Quichotte qui chute durement sur le monstre d'énergie, le moulin à vent, symbole de la toute-puissance montante de l'énergie productrice des siècles mécaniciens, quand il croit n'avoir affaire qu'à un pauvre géant de conte de chevalerie. Mais il est mieux inspiré en évoquant la magie des concepteurs du moulin. Car qui maîtrise les vents maîtrise l'esprit.

L'Arche de la Défense est ainsi ornée d'un zodiaque ; le parvis de l'Arche est régi par le signe du Verseau, signe d'air. Mais l'Arche est le siège de phénomènes atmosphériques très particuliers. L'esplanade est un gigantesque couloir à vents, où ceux-ci s'engouffrent avec la plus grande violence. Il en est de même pour la tour Eiffel, autre monument maçonnique (construit en 1889 pour commémorer le centenaire de la Révolution française), obélisque en toile de fonte, fait de vide, et dont le sommet est un condensateur de vents violents. Le Champ-de-Mars est lui-même un temple du Vide selon Michelet (n'y a-t-il pas un socle encore vide au milieu de la pyramide du Louvre ?) et le monument commémoratif de la Déclaration des droits de l'homme est creux. La place Raoul-Dautry est connue aussi des Parisiens pour générer des vents assez forts. La place de l'Étoile, l'Arc de Triomphe et le cimetière Montparnasse sont d'autres lieux maçonniques à Paris. Chaque culte a ses édifices.

La première provocation architecturale de Mitterrand président et monarque date du 10 mai 1981 : le peuple humilié reprend la Bastille. Et onze jours plus tard, on nous invite à assister à la descente aux enfers républicains...

Le Panthéon est là pour nous montrer la voie : il est le nouvel *omphalos* (le « nombril » géographique) de la France républicaine. Au XIXe siècle, il y a eu d'ailleurs une société de comploteurs carbonari, qui se nommait la société du Panthéon. Toutes les mesures cadastrales, toutes les cartes du pays ont le Panthéon pour point d'origine. Comme dit Jack Lang, c'est là que les Français sont passés des ténèbres à la lumière.

Le Panthéon est le premier monument auquel Mitterrand président rend un hommage appuyé. Catherine Nay avait compris le message : « À peine hissé au faîte du pouvoir, François Mitterrand choisit, le 21 mai de l'an 81, de descendre solitaire au tombeau. » Elle oppose au cheminement souterrain, à la descente aux Enfers du Président, la procession prestigieuse de Giscard aux Champs-Élysées. Deux séjours *post mortem* qui s'affrontent, deux conceptions du monde aussi : « Singulière liturgie ! Tandis qu'il erre, dans les immensités glacées du Panthéon, une moitié de la France délire d'allégresse et s'adonne à de profanes réjouissances. »

Depuis le XIXe siècle, le Panthéon est redevenu un temple laïque et maçonnique ; Mitterrand a rendu hommage à plusieurs maçons ayant mérité de la républicaine patrie : Jean Jaurès, Jean Moulin et Victor Schoelcher : « À moins, écrit Catherine Nay, que le nouveau Président, en s'inclinant devant trois tombes, ne sacrifie à quelque obscur rite maçonnique. » Philippe Chaslin évoque lui aussi « un obscur rituel maçonnique ». On notera avec curiosité les épithètes employées pour désigner les rites maçonniques, qui n'ont plus rien d'obscur depuis longtemps...

Pour Mitterrand, Jaurès est d'ailleurs « un compagnon toujours vivant dont la parole précéda la nôtre... c'est la Révolution française, son élan d'universalité, ses mots d'ordre ». Les dirigeants du Cartel des gauches avaient déjà transféré en grande pompe les cendres de Jaurès au Panthéon, dôme qui représente le ciel, la voûte étoilée, l'unité principielle. Le jeu du carré de base et du dôme représente le passage de l'unité principielle du monde à celui de la manifestation, symbolisée par le nombre quatre.

Cette cérémonie mortuaire, qui s'achève quand même par une sortie de la caverne, c'est-à-dire par une renaissance spirituelle de la gauche et de la France populaire et joyeuse, a inspiré bien des commentateurs qui ont souligné « le goût de rituel et de célébration laïque ».

François Mitterrand avait – déjà – décrit la capitale du Mexique comme une immense nécropole. Ce goût des tombeaux – la bibliothèque, la pyramide, le Panthéon – peut répondre aux tendances profondes, obsédantes, attribuées au personnage né sous le signe du Scorpion et de Saturne, l'astre de la mort, dieu dévorateur de ses propres enfants. On ne sait finalement qui ressemble à qui, du chef de l'État ou de ses principales constructions, de l'impénétrable sphinx élyséen ou de ces édifices aux sourdes symboliques. C'est comme si s'étaient construites parallèlement l'image du monarque républicain et celle de réalisations que l'on dira parfois imprégnées de signes à peine voilés de la symbolique des Lumières ou de ces figures chères à l'univers maçonnique que sont le triangle ou la pyramide, le cercle, la sphère et le carré.

Ces projets évoquent une idée d'embaumement, de momification de l'histoire de la France ; il faut arpenter, tel un Joseph K., les lieux de l'imaginaire républicain, de la mémoire laïque décrite par Pierre Nora : les grands projets semblent vouloir passer immédiatement du côté de l'Histoire, de la mort même ont dit certains. Tout observateur pressent la dimension ésotérique des constructions mitterrandiennes. Normal, elles sont destinées aux adeptes, aux initiés. Elles ont une fonction, une disposition bien précises : « Il y a dans leur physionomie quelque chose de grave et d'un peu compassé, quelque chose de national et de commémoratif, de véritablement étatique plutôt que de populaire, de républicain dirons-nous, plutôt que démocratique », écrit Chaslin. On se souvient de l'opposition entre les deux termes développés par Régis Debray, qui a fait fureur : républicains contre démocrates. Chez les Romains républicains du reste, pour renforcer cette connotation, existait cette cérémonie dite des *Rosalia* au cours de laquelle on déposait des roses sur les tombes... au mois de mai.

Nous en sommes restés jusqu'à présent à un symbolisme aisé, réservé à des apprentis en quelque sorte, et qui privilégie une piste républicaine, hiératique, mâtinée d'obsession mortuaire. La piste mortuaire se poursuit avec la pyramide qui nous fait passer de la république à la monarchie sacrée.

La pyramide est elle-même un tombeau : on a parlé de cénotaphe et de mausolée, et cette glose projeta sur la personne de François Mitterrand la marque indélébile du pharaon. Il y a donc bien une dimension mortifère dans l'œuvre architecturale, l'œuvre alchimique et esthétique de Mitterrand ; peupler Paris de cercueils de verre pour rendre hommage à des forces invisibles, des supérieurs inconnus, de mythiques traditions. Nous allons les étudier, monument par monument, en commençant par ceux qui ont le plus retenu l'attention du Président : la pyramide et l'arche.

Le 24 septembre 1981, François Mitterrand tient sa première conférence de presse depuis son élection à la présidence de la République. Il annonce plusieurs importants projets d'urbanisme culturel pour célébrer le bicentenaire de la Révolution française (dont deux des principaux artisans, Pierre Faure et Michel Baroin, disparurent, le second dans des circonstances encore peu expliquées). En juillet 1983, Ieoh Ming Pei, architecte américain d'origine chinoise, surnommé le « mandarin architecte », est choisi pour le Grand Louvre sans recours à la procédure du concours d'architecture. Pei a prétendu faire une pagode d'or. Or la pagode procède du même symbolisme initial, ascensionnel et funéraire que la pyramide. Ajoutons que des pagodes furent construites en France au siècle des Lumières comme la fameuse pagode d'Amboise. Pei a construit d'autres monuments au fort symbolisme religieux : un pour une secte bouddhiste au Japon, un pour une communauté savante américaine, perdu dans les montagnes de l'Ouest. Mieux qu'aucun autre, il a su réconcilier la religion traditionnelle et l'architecture de verre moderne. Il a conçu une pyramide dans les année 60, qui n'a jamais été édifiée ; elle devait orner la bibliothèque Kennedy, projet sulfureux qui n'a pas vu le jour. Son premier titre de gloire exotérique est le bâtiment Est de la National Gallery à Washington. Obsédé par la cour Napoléon, où il allait pouvoir célébrer la victoire des Pyramides, le souriant mandarin brava toutes les oppositions.

Le Louvre est l'ancien palais des rois de France ; nous retombons là dans le mystère de la royauté. Il est situé à la croisée du *Cardo* et du *Decumanus*, les deux lignes directrices de Paris (sud-nord, orient-occident). Le Vau, en 1662, devait réaliser un projet comprenant une coupole et douze colonnes. Peu après, Louis XIV choisit la colonnade de Perrault. Il est à noter que le Louvre servit de cadre à beaucoup d'expériences spiritistes au XIXe siècle. Le Louvre est également habité par des fantômes tels que Belphégor et l'Homme Rouge...

Citons ces phrases tourmentées de Jean Parvulesco, un écrivain ésotériste lié obscurément à Mitterrand : « C'est au Louvre que se cache mon salut et c'est du Louvre que doit venir ma délivrance. Le dernier grand passage, c'est le passage du Louvre. Or, je tiens, moi, de science certaine, que le Louvre s'est trouvé bâti à dessein au cœur pacifié d'un immense tourbillon magnétique souterrain qui recouvre toute la région parisienne et dont l'action se répercute circulairement jusque sur la ligne de Fontainebleau et au-delà. Un tourbillon magnétique occulte dont l'épicentre d'activité se situe à cent cinquante-trois mètres environ au-dessous d'un certain endroit, d'un certain nœud d'intégration idéale des tensions architectoniques intérieures de l'ensemble des bâtiments du Louvre, nœud d'intégration idéale que l'on avait nommé l'Abeille. » L'abeille et l'architecte ?

Maîtrise du tourbillon magnétique : comme les anciens dolmens – toujours là – et les cathédrales bâties à dessein pour maîtriser le dragon. Ce nœud dispose de trois points d'appui : Montebello, Ponthieu, la Tourelle (bois de Boulogne), tous mués en caches royales.

La pyramide du Louvre – tombeau pour certains rois de France – est symboliquement le lieu de rencontre de deux mondes : un monde magique, lié aux rites funéraires de retenue indéfinie de la vie ou du passage à une vie supratemporelle ; un monde rationnel qu'évoquent la géométrie et le mode de construction. La pyramide est par ailleurs, autant qu'un tombeau, un observatoire et un symbole ascensionnel ; elle est aussi un catalyseur d'énergie qui favorise la conservation des corps physiques.

Les dispositions intérieures des pyramides permettaient au roi défunt de monter au ciel et d'en redescendre à son gré. La pyramide est chargée de pouvoirs : en projetant concrètement le fruit de sa synthèse interne, l'homme affermit sa tendance à la synthèse nationale. Les travaux du bicentenaire de la Révolution avaient pour but de célébrer la naissance de la nation française moderne. « Transformer le Louvre exigeait d'exceptionnelles précautions. C'est le cœur de la Cité, le cœur de notre histoire. J'ai souhaité une architecture de pureté et de rigueur qui sût allier l'audace et le respect », déclarait en 1993 le bâtisseur Mitterrand.

On se souvient de la polémique qui a entouré le nombre de plaques de verre de la pyramide parfois assimilé au fameux 666, nombre de la Bête, mais, aussi et surtout, nombre solaire. Nombre clé de la vie selon Abellio, car c'est le résultat de la somme des nombres suivants : 123 + 231 + 312, série ordonnée, ou 132 + 321 + 213, série désordonnée. C'est la manifestation des trois termes de la Trinité, dans les trois plans : spirituel, animiste et matériel.

Tout monument religieux est un concentré de la science des nombres, de l'arithmosophie. Goethe disait que l'architecture était de la musique solidifiée ; et l'on sait la part que les mathématiques prennent à l'élaboration de la musique comme de l'architecture. Pour les pythagoriciens, le monde n'était-il pas gouverné par les nombres ?

Détaillons l'ouvrage : les proportions du chef-d'œuvre sont rigoureusement celles de Gizeh, et cela jusqu'à l'angle d'inclinaison de 50,7°. La hauteur de la pyramide du Louvre est de 21,60 mètres. 21,6 est le 1/100 de l'ère de 2 160 ans, période très importante d'un point de vue ésotérique et astrologique ; elle correspond à une ère, la douzième en l'occurrence de la précession des équinoxes. On sait que le christianisme correspond à l'ère des Poissons à laquelle doit succéder l'ère du Verseau (célébrée à la Grande Arche), promesse d'une civilisation fluide, pacifique, féminine et démocratique.

La base de l'édifice mesure 35 mètres de côté. Ces dimensions, 21,6 et 35, entretiennent un rapport (0,618) qui est celui dit du nombre d'or. On appelle nombre d'or ou proportion dorée un rapport particulier tel que la plus petite partie par rapport à la plus grande soit comme la plus grande au tout. C'est ce que la géométrie classique appelle : partage d'une droite en moyenne raison. Le nombre d'or s'exprime sous la forme d'une équation du second degré : 1 + racine de 5 sur 2. 1,618 est considéré comme la valeur du nombre d'or. Si l'on divise 1 par 1,618, on obtient naturellement 0,618.

La pyramide est entourée de trois petites pyramides (comme à Gizeh) de 5 mètres de haut pour 8 mètres de côté, mesures qui sont aussi conformes au nombre d'or (5 par 8 ou 8 par 5). Chaque losange et triangle formant la face de chaque pyramide forme la *Tétraktys* pythagoricienne : 1 + 2 + 3 + 4 = 10.

La pyramide comprend 673 losanges ou parties de losange. On a beaucoup insisté à une époque sur le nombre 666, dit, selon saint Jean, le « nombre de la Bête ». Des esprits un peu excités ont ainsi fait de la pyramide et des Grands Travaux un hommage architectonique aux forces démoniaques, au prince de ce monde. D'autres, plus goguenards, se sont trompés. En théorie, sans ouvertures, la pyramide comprendrait 684 (666 + 6 + 6 + 6) losanges, soit quatre côtés de 171 : 171 est le nombre divin de 18, c'est-à-dire la somme de tous les chiffres qui vont de 1 à 18. 18 vaut bien sûr en notation babylonienne 6 + 6 + 6. C'est le nombre du verbe créateur. Et 684 vaut également, comme 666, 18 (6 + 8 + 4).

Si la pyramide du Louvre valait 666 losanges (684 — 18), elle aurait besoin d'une face à 153 losanges, soit 18 de moins. 1 + 5 + 3 vaut 9, tout comme 1 + 7 + 1. 153 – somme des 17 premiers nombres – est un nombre sacré ; il est le nombre de la pêche miraculeuse dans l'Évangile selon saint Jean. Ce nombre sacré a servi à la construction d'édifices chrétiens : Cluny ou la place Royale, rebaptisée par la Révolution place des Vosges (les Vosgeois avaient été les seuls à payer leurs impôts). Cette dernière comprend en effet 144 arcades et 153 lucarnes. Faut-il rappeler que l'Évangile de saint Jean est l'Évangile favori des ésotéristes ? Si on convertit les losanges (ces doubles triangles) en triangles, on en compte 324 par face. Or 324 x 4 = 1 296 triangles. On retrouve 1 296 en multipliant les 72 triangles de la base de la pyramide par 18 cieux. 1 296 est un nombre passionnant : il exprime la durée en années de la monarchie française de Clovis à Louis XVI (de 496 à 1792). 1 296 divisé par 2 160 donne encore le nombre d'or...

Ce n'est pas tout : la pyramide est entourée de sept bassins triangulaires en granit qui permettent au « ciel » de se refléter. Ces sept bassins sont à relier aux sept cieux et aux sept planètes de l'astrologie traditionnelle. Devant la pyramide sont rangés sept parallélépipèdes présentant chacun les mêmes caractéristiques : sur le sommet du bloc parfaitement poli est gravé un cercle. Au tiers de la hauteur, sur les quatre faces, une ouverture carrée est pratiquée. Un cube surmonté d'une pyramide, c'est exactement la description de la pierre cubique à pointe censée représenter l'idéal maçonnique.

À la place du Sphinx de Gizeh, se trouve la statue équestre en plomb de Louis XIV. Ici on a un symbole alchimique : celui de l'or, le Roi-Soleil Apollon personnification de la Lumière, prisonnier du plomb (les ténèbres) attendant sa transmutation en or lumineux dans la pyramide.

Descendons dans la pyramide. Le pilier qui soutient la plate-forme est par analogie l'*axis mundi*, l'Arbre de Vie, qui relie les Enfers aux Cieux. La symbolique de l'escalier qui mène au souterrain musée prend alors tout son sens. Tel un Orphée, un Énée ou un Dionysos descendant aux Enfers, l'initié (le simple visiteur) descend dans l'intérieur de la terre grâce à un escalier à vis qui s'enroule autour d'une énorme colonne. Ainsi lors de sa descente en spirale (que l'on pense aux ziggourat, aux tours mésopotamiennes), le visiteur effectue un constant retour sur lui-même tout en cheminant autour de l'Arbre de la connaissance du Bien et du Mal. Ce processus involutif de descente au cœur de la terre (magnifiquement illustré par le Frère Jules Verne dans le *Voyage au centre de la Terre*) peut être interprété à la lumière de la fameuse formule maçonnique VITRIOL : *visita interiora terrae, rectificandoque invenies occultum lapidem*, « Descends dans l'intérieur de la terre, en rectifiant, tu trouveras la pierre occulte », pierre philosophale des alchimistes, élixir d'immortalité, symbole de la connaissance transfigurée.

Entre la pyramide du Louvre et l'arc de triomphe du Carrousel est construite une pyramide inversée qui parachève l'ouvrage de Pei. Entre les deux monuments, au niveau du sol, le piéton pressé ne verra qu'une place circulaire, avec en son centre un carré de verre. Là se situe la base de cette étrange construction. L'initié y verra l'union mystique de la terre, représentée par le carré, et du ciel, représenté par le cercle. Au sous-sol, on aura la vision d'une pyramide inversée en verre, dont la pointe sera dans l'axe d'une petite pyramide construite juste en dessous. Il y aura alors six pyramides. Six, nombre du verbe créateur.

Les deux pyramides s'opposant symbolisent la montagne et la caverne dans le symbolisme maçonnique. Voici ce qu'en écrit René Guénon : « La représentation du centre spirituel par la montagne correspond proprement à la période originelle de l'humanité terrestre... mais lorsque la vérité ne fut plus à la portée que d'une "élite" plus ou moins restreinte (ce qui coïncide avec le début de l'initiation entendue dans son sens le plus strict)... la caverne fut un symbole plus approprié pour le centre spirituel. » Les deux triangles inversés peuvent aussi exprimer « le principe passif ou féminin... et le principe actif ou masculin ». Guénon ajoute, concernant cette complémentarité symbolique de nos deux pyramides céleste et caverneuse (ici celles du Louvre) : « On rapproche ordinairement *coelum* du grec *koilon*, « creux », ce qui peut avoir un rapport avec la caverne, d'autant plus que Varron indiquait déjà ce rapprochement en ces termes : *a cavo caelum.* »

Passons à l'examen de l'Arche de la Défense. Que Mitterrand ait été fasciné par l'Arche et par Noé, nous en avons la confirmation de la plume de Georges-Marc Benamou : « Aller sur le mont Ararat, vers l'Arche de Noé et ses débris magiques qu'il trouvera peut-être au sommet de la montagne – dans le couloir il s'arrête souvent devant la gigantesque carte du mont Ararat vu de satellite. »

Bâtie en partie par Christian Pellerin, ami de Patrice Pelat, la Défense est un concentré de monuments remarquables par leur symbolique maçonnique et pythagoricienne. Ce quartier abrite en effet la tour Ève (cette croqueuse de pommes, qui fait pendant au mangeur de pommes aujourd'hui promu à la présidence de la République) et la tour Jean Monnet. Mondialiste et père de l'Europe, Monnet, qui avait soutenu François Mitterrand en 1965, est un des personnages les plus influents du siècle. Mais la Défense comprend aussi des tours consacrées à l'un des philosophes les plus importants des Lumières, Voltaire, ainsi qu'à l'un des agents les plus importants des révolutions atlantiques française et américaine, La Fayette. On peut y ajouter une tour Descartes (père du rationalisme moderne, apôtre de la pensée mécanicienne), une école André Malraux, une tour Michelet, la ZAC Danton, la tour Arago (révolutionnaire de 1848, présent sur le méridien), le quartier Valmy (la fameuse bataille républicaine truquée et achetée au duc de Brunswick). D'autres figures géométriques donnent de la Défense cette image spécifique : le cube de l'Arche, le parallélépipède de la tour Fiat, la sphère de la salle de cinéma Imax, les « rapporteurs » de 180° des tours jumelles de Roland Castro, auxquels aurait dû s'ajouter le cylindre de la tour Infinie.

Devant l'Arche s'étend le centre commercial des Quatre Temps : les quatre âges de la tradition ésotérique, recensés dans toutes les traditions. On distingue l'âge d'or, l'âge d'argent, l'âge de bronze et l'âge de fer. Hésiode a remarquablement développé les définitions de ces quatre âges dans *Les Travaux et les Jours*. Mais un des ésotéristes contemporains de la Révolution, Favre d'Olivet, renversait l'ordre traditionnel et voyait au contraire l'âge d'or à venir. Le Centre national des industries et techniques, aussi chargé que le musée des Arts et Métiers popularisé par l'adepte Umberto Eco (autre fervent du méridien de Paris), est lui aussi un temple : il s'agit d'un triangle dont la voûte de béton ne repose que sur trois points, reproduisant ainsi la voûte céleste. On y pénètre par trois ouvertures en forme d'arc-en-ciel, qui représentent un passage privilégié, un pont vers l'au-delà. On se souvient aussi que Mitterrand fait de son pèlerinage à Solutré un cheminement initiatique et chromatique : « Mes pas y tracent un chemin d'arc-en-ciel où dominent le mauve et le bleu. » La Défense, en tout cas, avec l'Arche, a trouvé le monument capable d'embrasser d'un grand geste noble et fédérateur un paysage qui n'était encore qu'un aléatoire surgissement de tours. Pas si aléatoire que cela d'ailleurs, pour peu que l'on se penche sur les projets babéliens de la Défense et de Nanterre qui attendaient leur Tête Défense, leur *Royal Arch*...

L'Arche donc. S'il est des monuments, des lieux où souffle l'esprit, où soufflent les esprits, la Grande Arche de la Défense en fait assurément partie. « On y sent les vibrations », comme disent nos contemporains, et nous ne pouvons que nous interroger sur les raisons qui ont poussé un empereur architecte à concevoir et réaliser une œuvre similaire. Paris est, il est vrai, la « barque d'Isis », cité de la déesse de la connaissance secrète, de la *Pistis Sophia.* Elle est donc une cité dont les monuments importants sont tous signifiants. L'Arche de la Défense est située dans le prolongement du *Decumanus.* Les cités traditionnelles étaient construites en fonction des axes : l'axe nord-sud ou *Cardo* et l'axe orient-occident, *Decumanus.* C'est ce *Decumanus* parisien qui a intéressé les bâtisseurs depuis des siècles en France : Vincennes, Nation, Bastille, la place Royale, le Louvre, les Tuileries, la Concorde, les Champs-Élysées, l'Étoile et pour finir la Défense au symbolisme très riche en dépit de son caractère récent. C'est évidemment le *Decumanus* qui dans un premier temps a intéressé François Mitterrand et ses Grands Travaux. La destination révolutionnaire et maçonnique de l'Arche est évidente. Révolution désigne un retour : retour à l'âge d'or, aux temps républicains, à l'origine primordiale décrite par Rousseau.

Les grands projets ont été implantés en des sites superbes et de grande signification historique : la Tête Défense, au bout de l'axe royal qui court depuis le Carrousel et les Tuileries pour se perdre à l'ouest, bien au-delà des Champs-Élysées ; les bords de Seine qui, de Tolbiac (la bataille fondatrice de la monarchie franque et mérovingienne) au Trocadéro (lieu célébrant la victoire royaliste en 1823, et palais visité par Hitler, en même temps que l'Opéra, au cours d'une excursion sinistre), confirment leur tradition d'axe majestueux des palais et des institutions, formant à Paris une manière de grand canal ; la cour du Louvre, surtout (et c'est l'histoire des rois et des empereurs que l'on intégrait) ; enfin la place de la Bastille, seul symbole républicain dans ce *Decumanus* monarchiste.

L'Arche est d'abord l'Arche de la Fraternité, qui est la devise de la République comme celle de la maçonnerie.

Selon son architecte danois Spreckelsen (comme

le roi Salomon, avait choisi pour bâtir le Temple un étranger en la personne d'Hiram, venu de Tyr, Mitterrand choisit des architectes étrangers pour accomplir ses Grands Travaux), la Grande Arche représente un cube ouvert, une fenêtre sur le monde, un arc de triomphe moderne à la gloire du triomphe de l'humanité. Spreckelsen a construit des églises au Danemark ; il ne manquait jamais, dit-on, de sortir de sa sacoche quelques échantillons de marbre et de bronze dont il savait le Président friand. Étrange amateur de pierres décidément... Faut-il y voir une allusion au « convive de pierre » dont Don Juan, être si cher à Mitterrand, est lui-même si friand ?

Cette construction en forme d'autel est cubique comme l'autel d'Apollon, divinité suprême des pythagoriciens. L'Arche a été inaugurée le 14 juillet 1989 pour le G7, le sommet des sept pays les plus industrialisés. Comme le souligne Jules Boucher, en utilisant les références maçonniques, « c'est donc sept maîtres qui participent aux recherches. Ces sept participants sont les suivants : le vénérable correspond à Jupiter ; le premier surveillant à Mars ; le second surveillant à Vénus ; l'orateur au Soleil ; le secrétaire à la Lune ; l'expert à Saturne ; le maître des cérémonies à Mercure ».

Au sud-ouest de l'arche ont été édifiées par Roland Castro des tours jumelles qui sont les pendants maçonniques des colonnes Boaz et Jakin du Temple. La réunion de ces deux « rapporteurs » de 180° forme un zodiaque de 360°, une nouvelle voûte céleste. Au nord-ouest enfin, suite au concours organisé par la société anonyme de la Grande Arche (Saga), devrait s'élever, en écho à la tour de Babel, la tour Infinie ou tour sans fin... Au lieu-dit Triangle de la folie.

Ajoutons qu'au-dessus du parvis de l'Arche, entrée du Temple, est érigé le nuage. Ce nuage dominé par l'arche babélienne est aussi, de par sa forme, une tente, tente protectrice dont on sait qu'elle était *in principio* l'occupation professionnelle de l'apôtre Paul. Il évoque et invoque la domination des vents, dont nous avons déjà étudié l'importance. Mais l'Arche en tant que tente représente aussi l'Arche d'Alliance qui fut protégée par Moïse de retour du Sinaï, par le biais d'une tente justement. Le nuage se dit *ghana* en sanscrit : il est appliqué à l'Embryon primordial d'où naît le nom. Et comme le dit Yahvé à Moïse : « Je viendrai à toi dans l'épaisseur de la nuée »... (Exode, 19, 9). Détail étonnant, un 15 août, la grue géante placée sur les voies de l'autoroute commença à élever la plaque. À 50 mètres d'altitude, elle se mit à tournoyer sur elle-même. Le château tournoyant est fréquent dans les récits du Graal où il représente les forces démoniaques, incontrôlées, que le chevalier doit maîtriser par les épreuves qu'il affronte.

L'Arche repose en partie sur le nombre 12. À son sommet, se trouve un zodiaque astrologique dont les douze signes sont les douze portes du ciel. Elle repose sur douze énormes piliers, chaque pilier étant naturellement associé à un signe du zodiaque. Elle mesure 110 mètres de côté. Le nombre 11 est très évoqué dans la construction du Temple de Salomon, cette préfiguration architectonique et scientifique du Grand Monarque. D'autres édifices parisiens comprennent ce chiffre, sans compter les tours célèbres du World Trade Center qui à New

York comptent 110 étages. L'église Saint-Sulpice mesure 110 mètres de long ; la cour Napoléon du Louvre fait 220 mètres sur 110 ; le Panthéon, toujours lui, a une longueur de 110 mètres.

L'Arche compte quatre faces. Notons que 25 carrés rythment les faces des tours et la dalle. La cinquième case est occupée par le cratère qui permet d'accéder au centre de la terre.

L'Arche est censée compter 36 étages ; rappelons à cet égard que le 666 est la somme des 36 premiers nombres. L'Arche est sous la protection des 36 décans de l'astrologie. 36 x 4 donne 144, soit le millième du nombre d'élus de l'Apocalypse de saint Jean. Enfin, 36 est la racine de 1 296 dont nous avons vu l'importance numérologique.

L'Arche est un temple astronomique. René Guénon rappelle qu'« il y a dans l'astrologie traditionnelle tout autre chose qu'un "art divinatoire" ou une "science conjecturale" comme le pensent les modernes. Il y a là, en vérité, tout ce qui se retrouve, sous des expressions diverses, dans d'autres sciences du même ordre (...) et ce qui donne à ces sciences une valeur proprement initiatique, permettant de les regarder comme faisant partie intégrante de la Science sacrée ».

Au sommet de l'Arche, sur la dalle, le sol des quatre patios montre un zodiaque de 360° divisé en 12 signes astrologiques et en 36 décans. Il s'agit de l'œuvre de Jean-Pierre Raynaud qui s'en est expliqué dans la revue *Événement média* n° 3 : « J'ai voulu mettre la Grande Arche en situation planétaire. Le XXe siècle, trop porté sur le visible, n'est pas à l'aise avec les parties invisibles... il fallait retrouver l'Est, c'est-à-dire le degré zéro du Bélier, le premier jour du printemps. À partir de ce point, nous avons placé les douze signes du zodiaque. Il y a quatre patios, quatre endroits où les signes sont occultés. Parmi les huit signes visibles, quatre sont pleins, quatre coupés... Le signe du Lion n'apparaît pas. Mais il est présent dans la partie invisible. Tout ce qui existe n'est pas visible. »

Le calcul de l'ère est donné par 360 (le zodiaque) x 6 (les faces du cube). La durée de la précession des équinoxes est donnée par 2 160 × 12 (les douze parties soutenant l'Arche). Le chiffre obtenu est de 25 920. 25 920 ans, c'est la durée de l'âge d'or dans la cyclologie traditionnelle. L'âge d'argent décrit par Hésiode dure 19 440 ans, l'âge de bronze 12 960 ans et le fameux âge de fer (le *Kâlî-Yuga* de l'hindouisme) 6 480 ans. 4, 3, 2, 1 : on retrouve l'ordre de la *Tétraktys* pythagoricienne.

La dalle astrologique offre aussi une impressionnante succession de carrés magiques s'emboîtant les uns dans les autres. Les carrés magiques sont associés généralement aux « sceaux planétaires », dont la confection permet d'attirer sur soi les vertus bénéfiques des planètes ou des constellations que l'on invoque par ce moyen. Au centre de la dalle de l'Arche, on trouve le démiurge, le Temple, le carré de Saturne puis celui de la Terre, de Jupiter, de Mars, de Vénus et du Soleil. Nous avons vu que se dresse au centre du parvis, sous le nuage, un temple. Il permet d'accéder au centre de la terre, de passer des Cieux à l'Enfer, comme dans le cas de la pyramide du Louvre. Sous la protection des divinités astrales du zodiaque, l'initié entreprend la descente dans les profondeurs de la terre.

L'Arche de la Fraternité a été inaugurée le

26 août 1989, deux cents ans après la Déclaration des droits de l'homme, dont le caractère initiatique est par trop négligé.

Mitterrand était très féru de jardins. Il s'est particulièrement occupé de ceux de l'Élysée et de la Bibliothèque. Près du Louvre, dans les jardins du Carrousel, a été construit un jardin astrologique. Le symbolisme ésotérique des jardins de Versailles, où fut célébré le G7 de 1982, a parfois été évoqué ; astrologique, alchimique et solaire, il est une célébration secrète de la force solaire qui doit dépasser l'ère des ténèbres et l'élément liquide et obscur. Le jardin édénique, le jardin de l'adepte Salomon dans le Cantique des Cantiques, les jardins secrets et labyrinthiques de la Renaissance, sont autant d'invitations au voyage initiatique. Jusqu'au parc d'Ermenonville, où repose Rousseau, et sur lequel rêva tant le Pendu, lame XII des Tarots, Gérard de Nerval. Dans la Kabbale hébraïque, comme le montre le texte de Salomon, le *Pardes*, qui a donné le mot « paradis », représente le domaine de la connaissance supérieure, les quatre consonnes du mot correspondant aux quatre fleuves qui s'écoulent de l'écriture et aux quatre sens hiérarchisés des Écritures. L'art du jardinier consiste à exprimer cette relation principielle avec l'unité.

Un carrousel est un dispositif de manutention constitué par un plateau et des éléments tournant autour d'un axe vertical. On retrouve le symbolisme de la rotation du monde et celui de l'axe du monde. Le plateau représente l'axe zodiacal tournant autour de l'axe vertical. Dupuis écrivit à la fin du XVIIIe siècle son *Origine des cultes* en se fondant principalement sur l'astrologie et cette astrologie fut très présente durant toute la période révolutionnaire. C'est le 21 septembre, jour de la Balance, signe d'équité et de justice, et ascendant de François Mitterrand accessoirement, que la monarchie fut abolie.

L'arc du Carrousel sert de *gnomon* (régulateur) à un cadran solaire et zodiacal. De l'allée qui commence au Carrousel et se dirige vers l'Arc de Triomphe de l'Étoile, où convergent comme autant de rayons solaires douze avenues parisiennes, partent en éventail douze haies. L'Arc est encadré par deux labyrinthes composés de trois carrés concentriques. Ces labyrinthes indiquent que seuls les initiés sont à même de s'orienter et se déplacer dans le dédale du temps – les nombres et les cycles – et de l'espace – les formes géométriques.

Mais c'est dans les jardins du Palais-Royal que le savoir-faire de Mitterrand s'est déployé.

Les colonnes de Buren sont certainement celui des Grands Travaux qui a fait couler le plus d'encre, mais pas de la bonne. À l'époque de MacDonald's et d'EuroDisney, le bon goût et les couleurs ne se discutent plus ; ils n'existent plus. C'est donc du strict point de vue initiatique et symbolique qu'il faut débattre, laissant aux amuseurs le soin de distraire le bon peuple sur le bien-fondé esthétique des colonnes tronquées et rayées.

Nous avons déjà évoqué le symbolisme des colonnes : axes du monde, piliers de vie chez les Celtes, colonnes d'Hercule de Gibraltar (destinées à marquer les limites du monde à ne pas dépasser), colonnes Jakin et Boaz de la maçonnerie, colonnes de feu de la tradition hébraïque, supports du monde chez les chamanes sibériens, le symbolisme des colonnes est infini et magnifique.

Le Palais-Royal est un des lieux les moins neutres de Paris ; le méridien de Paris passe pratiquement sur la diagonale des jardins. Le père du duc d'Orléans, Philippe Égalité, cousin du roi et Grand Maître du Grand Orient, qui vota la mort de Louis XVI avant de disparaître à son tour, avait d'abord eu le projet de faire bâtir un observatoire. Des empereurs moghols avaient eu le même désir en Inde : en témoignent les admirables Jantar Mantar de Delhi ou de Jaipur. En 1786, Louis-Philippe fit finalement bâtir un canon solaire. Ce dernier tonnait à midi précises, la poudre étant mise en feu par le rayon solaire concentré à travers une loupe ; on retrouve la même tentation évoquée plus haut que celle de Benjamin Franklin d'arracher au ciel une part de sa puissance : la foudre dans le cas de Franklin, par l'intermédiaire du paratonnerre ; le feu ici, par l'intermédiaire de la loupe et du canon. On pourrait citer encore l'Arche, qui arrache aux vents une part importante de leur puissance.

En tout état de cause, c'est près de ce canon que Camille Desmoulins, arrachant les feuilles du tilleul (arbre de l'amitié et de la fidélité) pour en faire une cocarde, ameuta la foule des émeutiers du 14 juillet et déclencha la révolution de 1789.

Les portiques du Palais-Royal comptent 140 colonnes ; Buren en a ajouté 260. Le total est de 400, soit 40 par 10, le nombre de l'Épreuve (cf. être mis en quarantaine) selon la *Tétraktys* pythagoricienne. Les 260 colonnes de l'ensemble édifié sur les instructions de Buren sont réparties en 13 rangées de 20 piliers. En fait, seules 44 colonnes, les 216 restantes (6 x 6 x 6, la dixième partie d'une ère astrologique) sont juste des troncs de colonnes. Chez les Mayas, le nombre 44 est associé au nombre de révolutions qu'accomplit la Lune autour de la Terre. Cette notion de colonne tronquée, niant la relation céleste que doit entretenir une colonnade avec le ciel, est étrange. À moins qu'il ne faille voir dans ces troncs de colonnes des colonnes inversées s'enfonçant dans la terre.

Les 44 véritables colonnes composent 3 rangées remarquables qui délimitent deux grandes aires. L'aire intérieure s'étend en 12 rangées de 9 colonnes pour former un ensemble de 108 colonnes (le nombre de l'homme, qui est aussi la somme de 6 au carré + 6 au carré + 6 au carré). La seconde aire s'étendant autour de la première comprend également 108 colonnes.

Les 260 colonnes sont en réalité une représentation du *Tzoltin*, le calendrier rituel en usage chez les Olmèques, les Mayas et les Aztèques. Ce calendrier, destiné à déterminer les jours fastes ou néfastes pour certaines pratiques rituelles, représente environ le 1/100 du grand cycle de la précession des équinoxes. Il est à noter que manquent à l'appel 18 colonnes, censées avoir disparu pour des raisons utilitaires. Le nombre 18 (6 + 6 + 6, soit aussi le nombre de losanges situés à la base de chaque côté de la pyramide du Louvre) est habilement choisi. 128 x 108 donne par exemple 1944, nombre également présent dans la pyramide, équivalant aux 9/10 de l'ère de 2 160 ans. Les colonnes vont en décroissant vers l'ouest ; en direction du couchant, elles accompagnent la fin du cycle.

Mais les colonnes ne sont que la partie émergée d'un ensemble installé sous la cour d'honneur. Des ruisseaux convergent sous les trois rangées de colonnes vers un point central, un puits, dont la margelle est protégée par une balustrade au milieu de laquelle s'élève la 16e colonne. XVI, comme la lame de la Maison-Dieu des Tarots qui montre le foudroiement babélien. Deux bassins comprennent également 16 globes métalliques en constant mouvement. On remarquera une nouvelle fois cette invitation à manipuler les éléments : les vents à la Défense, la terre au Louvre, le feu et l'eau au Palais-Royal, lieu magnifié aussi par les paroles mortuaires de l'oracle André Malraux.

Nous en arrivons à la Bibliothèque. Allusion magique à Alexandrie, ville de cet Alexandre figure emblématique du monarque, dont la religion est au cœur, avec celle d'Apollon, de la France royale. Bibliothèque bâtie à Tolbiac, bataille qui assura la triomphe de la monarchie mérovingienne en 507. Des rumeurs disent d'ailleurs que Mitterrand aurait fait savoir qu'il désirait être inhumé sous les arbres du jardin, au milieu des livres. L'histoire le faisait bien rire : « On me prend vraiment pour un pharaon. »

La Très Grande Bibliothèque est une réplique de la bibliothèque d'Alexandrie, secret hommage à l'Égypte et à la Grèce pythagoricienne. Elle est, de l'aveu des commentateurs, un temple de l'Esprit, une transfiguration de la Bibliothèque nationale, mais aussi une « nef amarrée à quai » selon la presse de l'époque. Nous avons vu que Paris est la « barque d'Isis », la déesse de l'initiation et de la connaissance secrète réservée aux initiés, symbolisée sur les frontons de nos cathédrales par le *Mutus Liber*, le livre... fermé. La nef désigne également l'Église bien sûr ; il s'agit ici d'une Église laïque, moderne et savante, digne et fière héritière des encyclopédistes. Mais pas seulement.

Elle offre également l'intérêt de comprendre quatre tours de 86 mètres, d'immenses souterrains, et d'avoir été bâtie par un homonyme de Perrault. Cette dimension sinistre, la TGB, peuplée de livres sous verre, savoir congelé, a été mise en évidence par plusieurs observateurs : Jacques Julliard craignait qu'elle n'aboutisse à ce « monstre crasseux et ingouvernable qu'est devenu le Centre Pompidou ».

Les attaques se concentrèrent sur les quatre tours et leur transparence, d'autant plus angoissante qu'elle était mystérieuse, ou plus exactement mythique, pur fantasme qu'aggravaient les réponses embarrassées ou dilatoires des constructeurs du monument lorsque, contre toute évidence, ils refusaient d'admettre qu'un édifice qu'ils avaient d'abord promis cristallin serait finalement opaque. Le verre est la substance de l'immatérialité ; il représente le plan intermédiaire entre le visible et l'invisible, symbole de la divination, de la sagesse et des pouvoirs occultes accordés à l'homme. Les prêtres mayas lisaient l'avenir dans des fragments de cristal de roche, et pour les Indiens de la prairie le même matériau était censé faciliter la transe et la vision, le contact avec l'invisible. Mitterrand s'intéressait d'ailleurs beaucoup aux vitraux : le futur président de la République appréciait cet art sur lequel, avant d'être élu, il projetait d'écrire un livre.

La Bibliothèque offre une similitude avec l'Arche et la pyramide par son hiératisme glacé. De quoi cette pyramide, cet arc de triomphe et ces quatre tours prétendus livres ouverts sont-ils représentatifs ? sinon de la froideur distante du pouvoir, fût-il démocratique, et d'une volonté de marquer le paysage et l'histoire. Considérons la transparence formelle, froide et statique, distante et solennelle, juchée sur sa vaste dalle intransigeante. Les grands projets mitterrandiens sont de marbre, pétrifiés. Ils sont du côté du rituel, de la tradition (tout modernes qu'ils se veuillent) et relèvent d'un sentiment grave de l'Histoire. À l'époque, *Le Monde* s'était gaussé de la lettre ouverte qui avait contesté ce monument controversé : « Ce sont finalement 566 chercheurs et universitaires qui ont signé la lettre ouverte consacrée à la Bibliothèque de France... Cent de plus, et le nombre fabuleux de la Bête évoquée par l'Apocalypse était atteint. »

Borges écrit ces lignes lumineuses : « Quand on proclama que la bibliothèque comprenait tous les livres, la première réaction fut un bonheur extravagant. Tous les hommes se sentirent maîtres d'un trésor intact et secret. Il n'y avait pas de problème personnel ou mondial dont l'éloquente solution n'existât quelque part : dans quelque hexagone. » La bibliothèque de Babel se reflète d'autant mieux dans la TGB que cette dernière s'élève par ses quatre tours magiques. Son projet initiatique n'est-il pas d'abriter le savoir, comme le cercueil de verre abrite le corps non corrompu, inanimé de Blanche-

Neige qui, alchimiquement, veille et attend la venue du principe charmant ?

Cette dimension maudite de la TGB a été soulignée dans l'entourage du Président lui-même : « La tempête intellectuelle venue d'outre-Atlantique... a vu la Grande Bibliothèque successivement engloutie par les crues de la Seine, puis dévorée par les flammes et même attaquée par les oiseaux qui ne manqueront pas de s'installer dans les arbres de son jardin intérieur... Hitchcock n'est pas loin », conclut Laure Adler. Le jardin intérieur, figure édénique, ajoute au symbolisme de la Bibliothèque qui apparaît comme un temple autant que comme un lieu de lecture. Mais un temple froid. Laure Adler raconte encore : « Pour l'heure, les conseillers arpentent l'étage inférieur de la future bibliothèque. Impression d'immensité, de gigantisme. Difficile de s'imaginer, à ce stade, comment les futurs lecteurs se sentiront physiquement dans ce vaisseau de béton. “C'est un peu froid”, se contentera de dire le Président après une visite privée faite un samedi d'hiver dans un chantier désert. »

Cette froideur évoque le cénotaphe et concourt au mauvais procès intenté au monument. « La pensée générale se résume ainsi : pourquoi installer les livres dans les tours, où la vue et la lumière laissent plutôt suggérer la présence des hommes, et pourquoi enterrer les hommes dans les espaces où les livres, dans la tradition de l'architecture des bibliothèques, auraient trouvé l'ombre et la protection nécessaires ? » écrit Frédéric Edelmann dans *Le Monde* du 28 mars 1995. Et d'invoquer à nouveau le caractère pharaonique du Grand Œuvre : « C'est ici le tombeau de Nefertiti qui inspire le caractère rythmé et longiligne de l'édifice, là où Khéops a marqué l'architecture de Napoléon : une pyramide Pei. »

La Très Grande Bibliothèque n'attire que le dixième du public qu'elle était censée accueillir. Alors qu'on prévoyait quotidiennement 4 500 personnes en haut-de-jardin (niveau grand public), 4 000 au rez-de-jardin (niveau réservé aux chercheurs) et quelque 3 000 flâneurs partout ailleurs, le nombre d'entrées stagne autour de 1 200 visiteurs par jour. Une situation qui ne peut que se dégrader étant donné qu'à terme, le projet de démocratisation du savoir prévoit la numérisation complète de la collection de la TGB pour permettre son accès à distance. Bref, tout se passe comme si les monuments mitterrandiens n'avaient pas été conçus pour la commodité, mais pour une autre mission, plus secrète.

Il y a des monuments plus secrets, comme la barque solaire de Rambouillet dont les habitants savent qu'elle est barrée par Mitterrand en pharaon nu et épuré. Cette barque, évoquant les gondoles de la bien-aimée Venise, est couverte d'une roue à quatre branches digne des Tarots, et d'un globe transformant la terre en cabinet de curiosités. Exécutée par un artiste tchèque nommé Karel, cette œuvre discrète, comme celle de Dibbets ou de Theimer, fait partie des signes réservés aux observateurs attentifs. Défi de Roi-Soleil, de pharaon traversant le fleuve de la mort, et en même temps arme destinée à bloquer les esprits de la forêt de sang qui emportèrent Grossouvre. Mais le dieu Amon lui-même navigue sur cette barque dorée, porteuse du globe solaire, lorsqu'il se rend au Ramesseum et s'adresse avec force louanges à Ramsès.

Que dire du monument d'Yvan Theimer, installé au Champ-de-Mars, le monument des Droits de l'homme, commémoratif du bicentenaire de la Révolution ? Il est gardé par Janus, dieu des portes et des initiés. Orné de tortues – animal dont la carapace est le symbole du monde manifesté – et de serpents – l'*ouroboros* de la Tradition primordiale – il est en même temps l'œuvre de la mairie de Paris, « barque d'Isis. » Ce monument qui date de 1989, inspiré de temples égyptiens, comporte de nombreuses références maçonnes. Il n'y a là rien d'artificiel, puisqu'elles témoignent de ce moment historique où la pensée maçonne a été le fondement même du politique. Tout promeneur remarque le triangle de la façade ouest (encore qu'un incongru cachet de bronze Ville de Paris en perturbe la perfection). Les piliers de bronze de la façade ouest sont couverts d'une profusion de signes, symboles, textes d'une grande finesse de moulage, dont la Déclaration des droits de l'homme et du citoyen. Ce monument est aussi un observatoire, un temple astronomique. Outre le cadran solaire, des saillants de pierre permettent des visées astronomiques de levers d'étoiles et d'astres. Un orateur, détenteur d'un savoir radical, célèbre la confrontation dialectique, et sa solution finale. Le monument porte, encore, l'inscription de Poussin, *Et in Arcadia Ego*, qui évoque l'âge d'or et bien sûr Rennes-le-Château et le méridien.

Reste l'Opéra. Le premier opéra fut *Orphée*, ce poète mythique qui descendit aux Enfers plutoniens pour retrouver son Eurydice et l'arracher à Pluton par la douceur de son chant. L'Opéra a ses légendes à Paris ; il a même eu son fantôme que l'écrivain Gaston Leroux a popularisé.

L'Opéra-Bastille, renommé aussi pour son incommodité, ne constitue pas un travail essentiel du Président, encore que sa forme (un cube surmontant un cercle) soit originale ; mais l'emplacement de la Bastille oui, puisque y fut élevée la colonne de la Liberté. Le 12 juillet 1792, un décret fut adopté : « Avant la cérémonie de la Fédération, une députation de 60 membres de l'Assemblée nationale se rendra sur les ruines de la Bastille pour poser la première pierre de la colonne de la Liberté. » Un escalier à vis de 144 marches (le nombre des élus de l'Apocalypse, 12 × 12 tribus d'Israël) en bronze permet d'accéder au chapiteau, sur lequel est posé un stylobate à coupole ornée. Un piédouche, posé sur la coupole, sert de support à la sphère. Le génie de la Bastille porte une étoile au front. Sa main droite tient un flambeau tandis que la gauche soutient les chaînes brisées de l'esclavage. L'Opéra-Bastille s'inscrit donc à ce titre dans la lignée des travaux du bicentenaire destinée à célébrer la mémoire de la Révolution et les lieux de cette mémoire.

Il est à noter que furent enterrées sous la Bastille une dizaine de momies égyptiennes rapportées de l'expédition d'Égypte. Une grille entoure les sarcophages qui sont recouverts de larges dalles de pierre. Au-delà des fantômes et des momies de l'Opéra, il est certain que la construction de ce bâtiment répond à un projet politique précis. L'idée était de commémorer magnifiquement la Révolution française à l'endroit où elle avait éclaté. La Bastille s'oppose à l'Ouest parisien, aux Champs-Élysées notamment, que remontèrent les manifestants du 30 mai 1968, que remontèrent Giscard ou Chirac : elle se dresse, dans la conscience de l'opinion, face à l'Étoile de la droite et des gaullistes ; l'une à l'est, l'autre à l'ouest de Paris. Ce n'est pas pour rien si Jacques Chirac a fêté sa victoire aux Champs-Élysées en 1995. Il se réappropriait l'espace symbolique de la capitale en la traversant dans une CX Prestige, de la marque au double chevron.

Le parc de la Villette présente, lui aussi, un intérêt ; avec ses « sortes de triangle », ses « nœuds d'intensité variable », « ses folies, fameuses folies philosophiques », « serpent de lumière continu, en fibres optiques ou en néon, ses sacs de nœuds ». « J'aime bien les sacs de nœuds », avoue leur concepteur Bernard Tschumi, comme s'il nous invitait à nous rappeler le symbolisme des nœuds, incas (les *quipus*), magiques, spirituels ou gordiens. En créant le parc de la Villette, Bernard Tschumi a fait du plus grand espace vert de Paris un parc urbain d'un genre inédit, qui pourrait servir de modèle aux programmes du XXIe siècle. Alors que les parcs paysagers du Second Empire étaient des lieux clos destinés à faire oublier la ville, celui-ci entend réconcilier le citadin avec son environnement en prenant ses préoccupations en compte. C'est un « édifice discontinu mais possédant une structure unique » où se rencontrent Paris et sa banlieue, la ville et la nature, le travail et le loisir, l'art et la science, l'esprit et le corps.

Au-delà de son retour en force dans les jardins modernes, Bernard Tschumi projetait à la Villette un jardin Joyce, à cause de Dedalus, personnage du roman du même nom, que l'on retrouve aussi dans *Ulysse*. On trouve également des parcs éphémères, aménagés dans des champs de céréales et qui attirent chaque saison un public nombreux. Ces jardins labyrinthiques et ludiques, où l'on doit, comme dans les jeux vidéo, résoudre des énigmes, s'imposent comme un artefact fondamental de notre culture rétrofuturiste. Ils pullulent maintenant en France, faits de joncs, d'épis de maïs, de tournesols, et ils orientent une population en manque de religion et d'enjeux métaphysiques. On retrouve là l'intuition de Huizinga, qui décrit dans *Homo ludens* toute la civilisation, y compris la spiritualité, en fonction de la notion de Jeu cosmique.

Le labyrinthe – celui des jardins du Carrousel – a également stimulé la création artistique contemporaine. En effet, au début des années 70, les artistes du *Land Art*, réfléchissant sur la notion de site, ont voulu renouer avec la très ancienne tradition qui faisait du paysage, et non pas du musée ou de l'atelier, le lieu naturel et originel de l'intervention artistique. S'inspirant de constructions mégalithiques comme Stonehenge – site processionnel et astronomique à la destination énigmatique – et des formes labyrinthiques anciennes, ils se sont attachés à en donner une interprétation nouvelle. Ainsi, James Pierce, qui fait explicitement référence aux préhistoriques dédales de gazon, dans Turf Maze et

Observatory, à Pratt Farm, dans le Maine. Puis qui réinvestira les labyrinthes scandinaves de pierres, en 1979, dans Serpent. Le serpent étant l'une des nombreuses symboliques du labyrinthe. Il n'est pas surprenant que des artistes soucieux de rétablir un lien direct aux paysages se soient tournés vers les formes qui, depuis toujours, ont médiatisé le rapport de l'homme aux sites naturels et expriment le rapport de l'humanité au monde.

Les significations du labyrinthe sont toujours ambivalentes. Ce dernier associe à l'idée de la mort celle d'un parcours initiatique de renaissance et de fertilité. Il réunit les sentiments d'effroi et de plaisir (dans les jardins : la « peur pour rire »), l'intuition des sens et la connaissance des formes géométriques abstraites (géométrie paradoxale qui s'amuse d'elle-même et qui fait intervenir le hasard). Il est associé à la musique et à la danse. Il est le lieu de l'hésitation et de la décision. Donc de la confrontation d'un espace virtuel et d'un espace réel. Le lieu de l'obstacle et de la ruse. Ancien collaborateur du Président, Gérard Colé compare plusieurs fois Mitterrand au Minotaure : « Imagine que tu es dans un dédale... le Président c'est le Minotaure. »

Dominique Perrault a comparé la mutation actuelle avec l'évolution de la génétique, celle d'un « passage d'un état à un autre état ». Il ne croit pas si bien dire. Nous sommes passés des ténèbres à la lumière, de l'état solide à l'état liquide, et bientôt igné. L'architecture est le lieu d'une initiation collective.

À Château-Chinon, on découvre d'autres travaux plus discrets : ainsi la fontaine cinétique décorée par Niki de Saint-Phalle est en fait l'œuvre de l'ingénieur-artiste suisse Jean Tinguely. Elle est l'héritière du *Songe de Poliphile*, et des fontaines alchimiques de la Renaissance italienne ; un symbole de la maîtrise des fluides, des machineries et tuyaux qui coordonne la bonne marche du monde et de ses sources.

À l'entrée de la mairie, en face d'un buste de Mitterrand, se trouve un grand chariot surmonté d'une barque et d'un globe. Et devant le musée du Septennat, un plaisantin, ou un initié, a disposé un petit sphinx placide. Même l'hôtel du Vieux-Morvan a une logique dans la stratégie ésotérique mitterrandienne : sa terrasse offre une vue splendide et reposante sur les paysages burgondes empreints de cette force tranquille qui a tant fait pour la gloire de leur célébrant ; une vraie terre d'élection...

4.

Rennes-le-Château et le méridien

Mitterrand, le *Métatron*[1] kabbalistique, mais aussi l'homme du milieu des terres ; le méridien, la ligne qui divise le temps et l'espace. On peut aussi évoquer le méridien du corps traité aujourd'hui par l'acupuncture. Mitterrand a pratiqué l'acupuncture sur le corps français dans lequel il pensait se confondre, s'incorporer. Que la vieille science millénaire chinoise puisse s'appliquer à la géographie sacrée de la France ne doit surprendre personne.

Le mage rose contre la sorcière verte : Greenwich. Les plus républicains d'entre nous se sont rendus avec leurs enfants au pique-nique du 14 Juillet 2000, célébré autant qu'ignoré par les médias ; ces mêmes médias qui saluent les temps nouveaux sans rien déceler de ce que ces derniers dévoilent. Ainsi, le 31 décembre 2000, un rayon vert irradie, dans la grande tradition ésotérique, de la tour Eiffel, la tour aux 1 789 marches qui célébra le centenaire de la Révolution.

Si nous nous intéressons au méridien, c'est bien sûr parce que ce dernier a été remis au goût du

1. Modalité masculine de la divinité.

jour par François Mitterrand, dans le cadre de la grande initiation collective à laquelle il a convié les Français. Les Grands Travaux ont concerné, à Paris, l'axe est-ouest, le *Decumanus* romain : l'Arche, le Palais-Royal, le Louvre, la Bastille, la Très Grande Bibliothèque. Mais également le *Cardo*, l'axe nord-sud du *Castrum* lutécien. Car Paris n'est-elle pas la « barque d'Isis », dont la nef initiale et initiatique coule vers l'orient des connaissances ?

Nous avons assez vite connu l'existence du plus discret des Grands Travaux parisiens : les clous de Jan Dibbets, que les Parisiens foulent sans s'interroger, et qui sont plantés là, vêtus de bronze, de Montmartre à la statue absente de la place de l'île de Sein. Ces clous reprennent le tracé du méridien royal créé par Louis XIV et l'architecte Perrault (le frère de l'écrivain alchimiste), rendu célèbre dans *Le Secret de la Licorne.*

L'autre élément qui nous a intrigué est le fameux pique-nique du 14 Juillet, pique-nique qui divise et réunit la France. Conçu le long de la méridienne verte – cette fois le mot a été lâché publiquement – il convie le bon peuple à un grand rassemblement convivial et festif, tout à fait dans l'air du temps d'une France bienheureuse. Se pourrait-il qu'à l'axe est-ouest royal corresponde un axe nord-sud de la France républicaine ?

Un pique-nique ? Il se trouve que même le mot utilisé par le très savant Paul Chemetov – qui porte le nom d'un grand kabbaliste médiéval – a une connotation elle aussi ésotérique.

Car pique-nique se dit *schibboleth* en hébreu moderne. Le *schibboleth* rendu célèbre par Sigmund Freud en personne. Le mot apparaît dans le Livre des

Juges (chapitre 12). Le sibbolet désigne également le courant d'eau et l'épi de blé ; pensons à *La Paille et le Grain,* autre titre d'un ouvrage de François Mitterrand. C'est Gad Weil, organisateur des grandes festivités actuelles, notamment du biblique Tohu-Bohu de la ville de Metz, qui a réconcilié la France et son agriculture en décorant d'un champ de blé les Champs-Élysées à la face du monde. Il a aussi célébré l'ordre des Faucheurs révolutionnaires dont la faux était la seule arme. Enfin sibbolet se dit aussi pour une bourse commune destinée à participer à un repas pris en commun. Cette cérémonie – Cérès, déesse de la moisson – n'avait donc rien de festif au sens moderne du terme, mais au sens traditionnel le moins révélé. Le *schibboleth* est surtout l'épreuve décisive qui fait juger de la capacité d'une personne ; une épreuve initiatique pour la communauté républicaine de ce pays en l'occurrence.

Il y a un symbolisme du grain de blé, que connaissaient et célébraient les anciens avec les Mystères d'Éleusis au cours desquels on observait un grain de blé en silence, commémorant l'union mystique de Zeus et Déméter. Dans son camp de prisonniers, la thématique du champ obsédait Mitterrand : « Le blé et l'avoine sont de nouveau mûrs ; et, avec eux, toutes les choses soumises à la loi des saisons et du temps qui passent (...). Et cependant, quelle espérance si, du sein de notre détresse, nous savons préparer ce temps où nous cesserons enfin de contempler les moissons qui ne sont pas les nôtres. » La renaissance osirienne, vue par la réappropriation de la moisson, est vraiment d'un mesureur de grains (mittier, en ancien français, d'où viendrait le nom de Mitterrand).

Sur la terre (comme au ciel, toute étoile), tout point géographique est repéré par deux quantités : sa latitude et sa longitude. La surface terrestre est en quelque sorte quadrillée par un réseau de « parallèles », de latitude déterminée, et en effet parallèles à l'équateur, et de « méridiens », grands cercles perpendiculaires à tous les parallèles, passant par les deux pôles Nord et Sud. On compte les latitudes en degrés, minutes et secondes d'angle, à partir de l'équateur, soit vers le nord, soit vers le sud. On compte les longitudes en heures, minutes et secondes, à partir d'un méridien origine, vers l'ouest, ou vers l'est.

Pendant longtemps, c'est le méridien de Paris qui fut, pour tous les marins, le méridien origine, comme il le fut pour les géographes et les voyageurs ; ce n'est qu'en 1884 que, sous l'influence de la domination britannique sur les mers du globe, une convention internationale adopta définitivement le méridien de Greenwich comme méridien origine (un épisode que rappellent de manière romanesque les aventures de Tintin dans *Le Trésor de Rackham le Rouge* d'Hergé).

La méridienne de France est constituée de l'ensemble des éléments déterminant la position géographique du méridien de Paris sur le territoire national. Le méridien de Paris passe par le centre de l'Observatoire de Paris (dans l'enceinte duquel se trouve l'atelier d'Yvan Theimer) et traverse la France du nord au sud, sensiblement de Dunkerque à Perpignan. Sa construction a commencé en 1669, deux ans après la fondation de l'Observatoire de Paris, sur un arc reliant Paris et Amiens ; à cette occasion, l'astronome Jean Picard (1620-1682) a créé les instruments et les méthodes de la géodésie astronomique et a obtenu la première valeur précise de la longueur du rayon terrestre.

La méridienne est achevée en 1718, grâce à Jean-Dominique Cassini (1625-1712), premier directeur de l'Observatoire, à son fils Jacques Cassini (1677-1756) et à Philippe de La Hire (1640-1718). Révisée en 1739-1740 (par l'abbé La Caille, Cassini de Thury et Maraldi), elle est remesurée entre 1792 et 1798, à la demande de la Convention, par Delambre et Méchain, afin de servir de base à la détermination de la longueur exacte du mètre (en 1799), défini comme la dix millionième partie du quart du méridien terrestre. C'est à partir de cette détermination que fut construit le « mètre étalon » déposé au pavillon de Breteuil à Sèvres, et détrôné aujourd'hui par les mesures extrêmement précises des longueurs d'ondes atomiques effectuées en laboratoire.

Le mètre défini en 1799 est la base du système métrique décimal créé par la Convention en 1795. Et il restera la base du système international (SI) d'unités créé en 1960, réalisant le vœu de ses créateurs révolutionnaires : « À tous les temps, à tous les peuples. »

Imaginé au XVIIe siècle par les mathématiciens de l'Académie royale des sciences, approuvé par le roi Louis XIV et Colbert, le méridien de Paris fut d'abord matérialisé par la construction de l'Observatoire de Paris dont les directions principales furent tracées le 21 juin 1667, jour du solstice d'été.

Ce bâtiment, bâti sur un terrain pentagonal, est ainsi traversé par le méridien qui forme son axe de symétrie nord-sud.

L'architecte ne fut autre que Claude Perrault, le frère de l'auteur des *Contes de ma mère l'Oye.* Fulcanelli cite cet auteur et ses contes en particulier lorsqu'il parle des moustaches en x du chat, le marquis de carabas.

Plus tard, au XIXe siècle, Camille Flammarion, qui travailla un temps à l'Observatoire de Paris, y découvrit une Vierge noire dans les catacombes sur lesquelles l'Observatoire est bâti. Cette anecdote nous est aussi donnée par Fulcanelli dans *Le Mystère des cathédrales.*

Ce méridien de Paris a été pendant des années le zéro géographique mondial utilisé surtout par les navigateurs. Il permit aussi, par le biais d'un travail de fourmi effectué par le géographe Cassini, de mesurer très précisément le rayon du globe terrestre. Ces mesures ont pu, entre autres, confirmer les théories d'Isaac Newton lors de ses travaux sur la gravitation et d'affiner la valeur du fameux g.

La particularité de ce méridien de Paris est qu'il est matérialisé par une ligne de cuivre traversant l'Observatoire, ligne rousse de par la couleur naturelle du cuivre. Le cuivre est un métal dont la forme oxydée porte la couleur vert-de-gris ; le symbolisme du cuivre rejoint celui du serpent et du dragon ; le même mot, *nahasch,* les désigne en hébreu.

Cette ligne n'a pas vocation géographique mais gnomonique. Il s'agit d'un de ces types de cadrans solaires appelés communément méridiennes. Présentes en général dans les églises des villes ou villages d'Europe, les méridiennes permettaient de donner précisément l'heure locale du midi, la nécessité d'une heure de midi commune à toute la France ne s'étant fait ressentir qu'après l'essor du chemin de fer au XIXe siècle et la multiplication alors d'horloges mécaniques. On réglait du coup la précision des horloges des églises au moyen de ces mêmes méridiennes.

Ainsi, physiquement, un oculus placé dans une fenêtre au sud de l'Observatoire de Paris permet à un rayon de soleil de croiser la ligne méridienne à l'heure exacte du midi.

En outre, comme ce rayon se déplace le long de la méridienne suivant les jours de l'année, la méridienne fait aussi office de calendrier astronomique et c'est pourquoi l'on trouve les signes du zodiaque ou les dates des équinoxes gravées sur le sol le long de la ligne de cuivre.

De par son méridien origine, Paris justifia ainsi, pour un certain temps, sa qualité de nouvel *omphalos*, non seulement pour la France, mais aussi pour le monde entier.

Il existe deux méridiennes célèbres en France : il s'agit de celle de la cathédrale de Bourges et de celle de l'église Saint-Sulpice à Paris. Toutes deux sont matérialisées par des lignes de cuivre. Toutes deux sont placées si proches sur l'axe du méridien de Paris qu'on les confond généralement avec ce même méridien. Ces deux méridiennes sont donc symboliquement (et non mathématiquement, car nous nous intéressons uniquement à l'aspect herméneutique du méridien) des représentations du méridien origine.

Cela s'applique parfaitement à la ville de Bourges, dont on dit qu'elle est le centre de la France, et qui est connue aussi pour son célèbre alchimiste Jacques Cœur, au nom prédestiné pour cette ville centrale. Une autre particularité est que Bourges fut la ville où saint Sulpice officia comme évêque.

Ce qui nous amène à l'autre méridienne célèbre, celle de l'église Saint-Sulpice de Paris, dont un des abbés ne fut autre que saint Vincent de Paul. Fulcanelli cite longuement l'histoire de cet abbé dans ses *Demeures philosophales.* Ainsi nous apprend-il qu'il fut enlevé lors d'un voyage à Narbonne et qu'il fut initié à l'alchimie lors de sa détention en tant qu'esclave à Tunis. À son retour en France, il multiplia les œuvres de charité et les créations d'hôpitaux. Or, Fulcanelli, dont on peut être certain qu'il ne donne aucune information sans raison, ajoute une note où il est dit : « Saint Vincent de Paul fonda l'hôpital Sainte-Renne, en Bourgogne. » Nous verrons l'importance de ces détails par la suite.

La méridienne de Saint-Sulpice est surtout connue pour son *gnomon* monumental, qui ne traversa pas les affres révolutionnaires sans dommages puisque certaines inscriptions furent martelées. Là aussi, une lentille placée dans les vitraux de la rosace du transept sud laisse passer un rai de lumière qui croise la ligne de cuivre rousse à l'heure du midi solaire. Sur le pilier monumental du *gnomon,* on peut toujours voir une flèche gravée en vis-à-vis du signe du Verseau, de part et d'autre de la ligne de cuivre.

Dans le langage des oiseaux on appelle le méridien de Paris par sa ligne de cuivre rouge, ou encore rousse ligne, rose ligne, voire roux sillon.

Rose ligne amène évidemment au prénom Roseline. Or sainte Roseline est fêtée le 17 janvier. Particularité du 17 janvier, il s'agit aussi de la date de la fête de saint Sulpice, ainsi que de celle de saint Antoine l'Ermite, présent aussi à Rennes-le-Château.

En héraldique, la couleur verte est nommée sinople. Or, Fulcanelli nous apprend qu'il s'agit de l'ancien nom que l'on donnait à la couleur rouge. Le vert (sinople) est donc un rouge caché, ou transmuté. De même que le cuivre, métal « rouge », qui se recouvre de vert-de-gris lors de son oxydation. Il est ici très important de noter que le méridien de Paris et les méridiennes de Saint-Sulpice et de la cathédrale de Bourges sont des fils de cuivre – le cuivre, si présent dans les nouvelles technologies, est doté de pouvoirs particuliers.

Si nous acceptons l'analogie entre le dragon et la ligne méridienne, ou la rose ligne, nous devons alors réfléchir à une possible analogie avec la lance, qui permet de fixer le feu aqueux (feu de roux) : se pourrait-il qu'il s'agisse du rayon de lumière frappant la méridienne tous les jours à l'heure du midi, passant par l'oculus de la rosace sud ? Et une légende raconte que le 17 janvier à midi, un rayon de lumière projette des « pommes bleues » à partir d'un vitrail dans l'église de Rennes-le-Château. Or les « pommes bleues » seraient une allusion au raisin, d'après nombre d'auteurs, qui ne donnent jamais plus d'explication. Le saint patron des vignerons est saint Vincent (saint Vin-Sang), et les pommes bleues pourraient être une allusion à saint Vincent de Paul, patron des orphelins, et très certainement alchimiste d'après Fulcanelli. Mitterrand jeune est affilié à la conférence Saint-Vincent-de-Paul ; « monsieur Vincent » est membre de l'Église invisible, visée par Molière dans *Tartuffe*, et qui fournit ses cadres à la si honnie Compagnie du Saint-Sacrement que l'on retrouve dans *Le Pacte des loups* où elle se sert de la Bête pour retarder l'avènement révolutionnaire.

Avant d'être célébré lors du changement de millénaire, le méridien de Paris a été matérialisé sous la forme d'un parcours ouvert à travers la ville : 135 médaillons en bronze de 12 centimètres de diamètre ont été fixés au sol entre le périphérique nord et le périphérique sud, traversant certains sites significatifs des XVIIIe, IXe, IIe, VIe et XIVe arrondissements, tels que le jardin du Luxembourg, le Louvre, le Palais-Royal ou les abords de la place Pigalle. Les médaillons sont marqués du nom d'Arago ainsi que d'un N indiquant le nord et d'un S indiquant le sud orientés dans l'axe du méridien. Le socle est conçu comme le centre à partir duquel l'œuvre s'étend dans deux directions opposées. Cet hommage à Arago constitue une réponse nouvelle, délibérément non monumentale, à l'idée d'hommage. Elle rompt avec le schéma traditionnel de la statuaire commémorative et répond à la question : comment faire un monument à la fin du XXe siècle ?

Jan Dibbets a en effet choisi de ne pas concentrer son intervention sur le seul socle mais d'intervenir à l'échelle de la ville entière. Volontairement les médaillons se lient complètement aux endroits où ils sont posés, jardins, passages couverts ou chaussées avec leurs bouches d'égout et de gaz. La perception d'ensemble de l'œuvre reste, et doit rester, virtuelle, aussi idéale que l'est le méridien lui-même. Avec en mémoire les recherches menées à l'époque d'Arago sur le système métrique, cette démarche revêt une pertinence particulière. La situation du piéton parisien, cheminant de médaillon en médaillon, n'est en effet pas sans analogie avec celle des premiers cartographes établissant de lieu en lieu des mesures avec leur quart de cercle. Au demeurant, ce projet intègre des notions constamment présentes dans l'œuvre de Jan Dibbets : le déplacement, le rapport entre la vision lointaine et la vision proche, une organisation séquentielle de l'espace, la manière dont le mental supplée aux limites de la perception visuelle.

Ce projet a été initié par l'association Arago, il a été réalisé conjointement dans le cadre d'une commande publique par le ministère de la Culture et de la Francophonie (Délégation aux arts plastiques) et la direction des affaires culturelles de la Ville de Paris (département des arts plastiques). D'autres institutions ont aidé à la réalisation : la Fondation Mondrian (Amsterdam) pour l'encouragement des arts graphiques, du design et des musées ; l'Institut néerlandais à Paris ; l'École polytechnique ; l'Association des anciens élèves de l'X ; l'Association pour l'organisation du bicentenaire de l'X ; l'Observatoire de Paris et l'Académie des sciences.

Arago enfant fut sans doute conquis par l'astronomie après la visite de Méchain à Estagel (Arago : j'agis sur la Terre, anagramme d'agora, lieu de l'expression républicaine). Ce dernier avait été chargé en 1792, avec Delambre, de mesurer la méridienne de France (à Méchain le sud, à Delambre le nord). En 1806, encore élève à Polytechnique, Arago obtient de se voir confier avec Biot l'achèvement des travaux de ses deux illustres devanciers. Il est chargé d'achever la prolongation de la méridienne de France jusqu'aux îles Baléares. L'opération géodésique est suivie d'aventures périlleuses qui le font passer pour mort : fait prisonnier par des pirates, il était détenu dans les prisons du dey d'Alger. À son retour en France, en 1809, il est élu à l'Académie des sciences. Il a 23 ans. Il en deviendra le secrétaire perpétuel puis le président. Il s'installe à l'Observatoire de Paris où il vit désormais et dont il devient vite la figure marquante. Arago peut être considéré comme le père de la vulgarisation scientifique moderne.

Cette carrière scientifique et initiatique trouve, comme souvent en France et ailleurs, une application politique. Élu et réélu député des Pyrénées-Orientales, puis de Paris, il reste parlementaire jusqu'au coup d'État de 1851. Ses convictions ardemment républicaines le poussent à prendre part à la révolution de 1848 au cours de laquelle il exerce d'ailleurs une action modératrice.

La méridienne du 14 juillet 2000 englobe notamment Rennes-le-Château, situé à 666 kilomètres de Paris. Cette énigme qui a suscité une abondante littérature de qualité souvent discutable nous ramène à la personnalité de François Mitterrand. Elle commence en 1885. Désargenté, l'abbé Béranger Saunière arrive dans ce petit village de l'Aude, en butte à l'hostilité d'une partie des paysans locaux. Il pratique la chasse pour survivre et se consacre à la réfection de son église. C'est là, dans une cavité, qu'il découvre des vestiges wisigoths et carolingiens, un trésor constitué de bijoux et de parchemins. L'abbé Saunière ne sait interpréter ces documents. Il monte à Paris, rencontre l'abbé Biel à Saint-Sulpice, fréquente des cercles ésotéristes, entend parler du roi Dagobert et d'une mystérieuse Sion. Il se rend au Louvre, achète trois copies de tableaux : *Les Bergers d'Arcadie* de Poussin, un *Saint Antoine* et un portrait de *Célestin V.* Il continue de restaurer son église, trouve d'autres parchemins du VIIe siècle, et construit une tour, la tour Magdala. Il mène grand train, est accusé de trafic de messes par son évêque, et meurt en 1917.

Toutes les fins de siècle puent l'occultisme, disait Huysmans. L'abbé Saunière restaure la chapelle consacrée à Marie-Madeleine. Sur le porche, on trouve cette inscription : *terribilis est locus iste,* « ce lieu est terrible ». Une statue du démon Asmodée garde la porte. Asmodée, le nom du chroniqueur du camp de prisonniers de François Mitterrand. Les plaques dépeignant les stations de la croix contiennent plusieurs bizarreries : un enfant est drapé dans un tartan écossais ; Pilate porte un voile ; Joseph et Marie tiennent chacun dans leurs bras un enfant christique, allusion au fait que le Christ aurait eu un frère jumeau ; saint Roch montre une blessure à la cuisse comme le roi Amfortas du Graal ou comme Jacob blessé par l'ange au cours de sa lutte peinte par Delacroix dans l'église Saint-Sulpice ; saint Antoine l'ermite tient un livre fermé et Madeleine un vase dans ses mains, comme s'il s'agissait du Graal.

On s'est interrogé sur l'origine de l'argent dont a pu disposer l'abbé Saunière. Il aurait trouvé le trésor des Wisigoths, celui des Templiers, des cathares, touché même de l'argent impérial des Habsbourg ! Il aurait aussi voulu faire chanter l'Église. Ses ultimes confessions furent si horribles qu'on lui refusa l'absolution et les derniers sacrements. Rennes-le-Château fait ainsi partie des cinquante plus grandes conspirations de tous les temps, qui excitent les paranoïaques et les curieux de tous les pays. Ce secret est au cœur de l'œuvre de Maurice Leblanc et bien sûr d'Arsène Lupin, l'un des surnoms donnés par Jean-Marie Colombani à François Mitterrand.

Les trouvailles de l'abbé Saunière avaient passionné, en leur temps, les cours d'Europe et les occultistes français. Les spéculations les plus effrénées commencèrent. Rennes-le-Château était une cité importante au temps des Wisigoths ; au trésor de ces rois ariens hérétiques, ne croyant pas en la divinité du Christ, s'ajoutent des éléments mystiques liés aux cathares, aux Templiers, sans oublier, bien sûr, les Mérovingiens. Dans le fief burgonde de Mitterrand, à Quarré-les-Tombes, l'église est elle aussi entourée de 66 tombes mérovingiennes.

En 1980, Baigent, Lincoln et Leigh publient *L'Énigme sacrée*, qui devient un best-seller international. Pour eux, le secret de Rennes-le-Château est lié au Christ qui aurait eu une descendance et serait le grand ancêtre de la monarchie mérovingienne, la « première race » des rois fainéants chassés du pouvoir par les Carolingiens. Dans le contexte du *New Age*, cet essai obtient un vif retentissement. On attend, ici et là, un roi du monde universel. François Mitterrand entend parler de l'histoire de Rennes-le-Château et s'y rend deux fois, avec son ami Pelat ; il y est même photographié. Sa fascination pour le judaïsme, la Terre sainte et pour les origines gauloises ou mérovingiennes de la France y trouve leur juste exutoire. Il quitte au demeurant le pouvoir un 17 mai, et le nombre 17 est fondamental dans la symbolique de Rennes-le-Château. Pelat et Grossouvre, les vieux compagnons de Mitterrand, en lutte par ailleurs pour présider le très élitiste comité des chasses présidentielles à Rambouillet et ailleurs, auraient été mêlés au mortel secret de l'abbé Saunière.

Dans la mythologie conspiratrice de Rennes-le-Château, il existe un ordre, celui du prieuré de Sion, auquel sont rattachés des artistes et des écrivains comme Nodier, Debussy ou Jean Cocteau. Cet ordre défendrait une restauration monarchique traditionnelle. Il a été dirigé après la guerre par Pierre Plantard de Saint-Clair, qui influence des journalistes anglais et d'autres comme Gérard de Sède ou Jean-Luc Chaumeil. Son ordre, qui serait lié à celui des Templiers, s'est réuni pour la dernière fois en mars 1981.

Dans cette mythologie, on retrouve nombre de points communs avec le mitterrandisme : la manipulation des symboles ancestraux ; le culte d'une monarchie éthérique et virtuelle ; le lien sacré entre la monarchie française et le royaume d'Israël ; et, bien sûr, le méridien de Paris, axe fondamental des Grands Travaux mitterrandiens.

Rennes-le-Château est très proche du méridien de Paris géographique. Celui-ci passait sur le tombeau d'Arques, soi-disant reproduction du célèbre tableau de Nicolas Poussin *Les Bergers d'Arcadie.* Jean Cocteau, un des derniers grands maîtres supposés du prieuré de Sion, est enterré à Milly-la-Forêt où se trouve sa chapelle posthume juste sur l'emplacement du méridien. Bref, de nombreux éléments assurent l'unité du symbolisme entre le méridien et l'hermétisme de Rennes-le-Château, comme il existe une analogie secrète entre la rousse ligne et l'art royal de l'alchimie.

Il nous faut revenir, à l'image d'Edgar Poe, au plus évident, à ce que nous voyons et non pas à ce que nous croyons deviner. Les tableaux de Poussin et de Teniers le Jeune seront nos guides ici. Dans *Les Bergers d'Arcadie*, Poussin peint des personnages entourant une tombe qui est une réplique virtuelle d'un tombeau situé à l'extérieur de l'église de Rennes-le-Château. On sait que dans cette église se trouve Asmodée, esprit subtil qui aida Salomon à bâtir le Temple. L'inscription *Et in Arcadia Ego* signifierait-elle : « Même au paradis, moi, la mort, j'existe » ? L'Arcadie évoque l'âge d'or, censé revenir sur terre à la fin des temps suivant une tradition ésotérique révolutionnaire illustrée par Favre d'Olivet. Ce retour à l'âge d'or était, bien sûr, l'une des clés de la Révolution française – le bonheur est une idée neuve en Europe – et du socialisme magique de François Mitterrand, consistant en une initiation collective, un « passage des ténèbres à la lumière », pour reprendre une célèbre formule de Jack Lang. Pour les plus initiés des maçons, qui pratiquent notamment le rite suédois, il y a une certitude messianique : le retour du Supérieur Inconnu, liée au retour de l'âge d'or. Ces spéculations monarchiques sont fondamentales pour expliquer les travaux du grand architecte.

L'Arcadie évoque Arkas, fils de Callisto et neveu d'Artémis, la déesse du jardin du Luxembourg. Le Luxembourg est richement doté sur le plan ésotérique ; et aussi sur le plan politique, puisque l'ancien président du Sénat, Alain Poher, a souvent été nommé dans les cercles ésotériques, notamment par Baigent, Lincoln et Leigh, auteurs de *L'Énigme sacrée*, qui citent un article du *Midi libre*, daté du 13 février 1973, faisant allusion là encore à son origine mérovingienne. Dans la même tradition, on prétend que les Mérovingiens descendaient des Troyens voisins de l'Arcadie et des Benjamites, chassés de la Terre sainte pour idolâtrie. Tous ces thèmes nous ramènent à une source initiatique commune : le retour du grand monarque, du roi caché, comme l'écrit Laure Adler à propos de Mitterrand.

Le prieuré de Sion aurait eu cette mission : ramener sur le trône le roi caché. Celui-ci est lié à la première race, celle des Mérovingiens, censée elle aussi descendre des rois d'Israël. À titre indicatif, on peut rappeler que Mérovée peut se lire Mero-Weg, le chemin de Meru, la montagne primordiale de l'hindouisme. Ou la voie (*via*) de la cuisse (*meros* en grec), part royale du corps qui évoque Jupiter, Dionysos, Jacob et Amfortas, le roi blessé de *Parsifal*.

Toute une littérature curieuse voire fantaisiste a tenté de nous expliquer que les Mérovingiens descendaient du Christ lui-même. Et que le prieuré, fondé par Godefroy de Bouillon peu avant son départ pour la croisade, a joué un rôle secret durant toute l'histoire de France. Improbable, cette thèse se révèle plus intéressante dans un cadre littéraire et artistique précis. Il y a Poussin bien sûr, mais aussi Perrault, puis Leblanc, Le Rouge, Debussy et bien d'autres créateurs qui s'inspirent de ces thèmes ésotériques porteurs, comme aujourd'hui les producteurs de films hollywoodiens et de séries britanniques. Dans *Jules Verne, initié et initiateur,* Michel Lamy a décrypté une partie de l'œuvre curieuse de cet auteur de best-sellers incompris. Une société secrète mystérieuse, la société du brouillard (cf. Phileas Fogg, le brouillard, ou FOG-Franz-Olivier Giesbert, l'un des biographes de Mitterrand), aurait utilisé les capacités des uns et des autres pour transmettre un message lié à une renaissance spirituelle et à un avènement messianique prochain. Le grand manipulateur du prieuré et, accessoirement, des polygraphes de Rennes a été Pierre Plantard de Saint-Clair, qui, comme Cocteau, autre maître discret du prieuré de Sion, s'est voulu l'organisateur de ce grand désordre.

On retrouve l'obsession de ces conspirations pendant le régime de Vichy, qui persécute et extermine juifs et francs-maçons tout en se trouvant à la source de multiples complots. Du point de vue ésotérique, Vichy s'est voulu, en digne héritier de Drumont et de bien d'autres, le liquidateur de siècles conspirationnistes qui ont mené à la Révolution. Il y a les cibles visibles, déjà évoquées, et les cibles invisibles, qui ont alimenté la paranoïa du régime. Drumont redoutait d'ailleurs l'avènement d'un roi juif en France.

En 1981, Claude Cheysson, pour des raisons très estimables, dénonce les multinationales, « Templiers des temps modernes ». Or, pour l'ésotériste Joseph-Alexandre Saint-Yves d'Alveydre (1842-1909), les Templiers luttaient déjà pour une politique de paix et une fédération internationale. Le mondialisme contemporain a toujours eu ses défenseurs et ses agresseurs, venus de droite tout comme de la gauche stalinienne, antiaméricaine, anticosmopolite ou anticapitaliste. Saint-Yves est également le théoricien de la synarchie, promise sous Vichy à une grande publicité grâce au rapport Chavin. Cette société discrète regroupait des polytechniciens autour de Jean Coutrot ; elle désirait un ordre économique nouveau, une troisième voie – aussi commune aux gaullistes qu'aux socialistes – qui verrait la France réaliser un programme économique original, mixant capitalisme et socialisme sous le contrôle d'une élite technocratique. Projet réalisé après la guerre. Le pacte synarchique d'empire rêve également d'une Eurafrique réalisée aussi après la guerre. Les errements africains de la République et de l'entourage de Mitterrand l'ont bien illustré.

Selon les revues de Plantard, *Vaincre* et *Alpha galantes*, la chevalerie serait l'instrument d'une renaissance nationale. « Notre pays ne peut renaître si ce n'est par ses chevaliers », écrit Plantard. Or, il existe toujours une manifestation exotérique qui démontre les agissements ésotériques de Mitterrand, en l'occurrence, la constitution d'une chevalerie mystique, chère à Antoine Mauduit.

Mitterrand a appartenu à l'ordre des Chevaliers de Montmaur, à l'ordre d'Antoine Mauduit dont il dira, lors de l'inauguration d'un monument à sa mémoire, en août 1986 : « Je n'ai pas rencontré, dans ma vie, cinq personnes d'un tel rayonnement. » Il écrit à un correspondant le 16 juin 1942 : « J'ai passé là-bas trois journées curieuses, surprenantes. J'y ai fait la connaissance d'un animateur de mouvements d'entraide aux prisonniers, personnage extraordinaire et attachant qui mérite qu'on suive ses pas. Dans un château du XVe fort confortable a été fondé un groupement que je crois destiné à un avenir marquant... »

Mitterrand est revenu sur le personnage de Mauduit en 1945 : fils de famille retourné à la terre, puis frappé par la révélation, Mauduit est entré dans la Légion où il est devenu officier. Saint et héros digne de la tradition médiévale française, « mystique, essentiellement », il a créé un refuge dans le château de Montmaur, près de Notre-Dame-de-la-Salette et fondé La Chaîne, « réseau d'action pour le redressement de la France et pour la défense de la civilisation chrétienne ». Comme le précise un autre résistant : « Il y avait un côté chevalerie du Moyen Âge, avec une nuit de veille dans une salle d'armes pour les nouveaux et un pèlerinage à Notre-Dame-de-la-Salette. »

Les fantaisies de Plantard ne sont donc pas isolées, et ne nous éloignent pas de notre sujet : la reconstruction d'un ordre ésotérique susceptible de régénérer l'Europe. L'ordre Alpha galantes se prétend proche du cercle Kreisau, l'aile civile de la résistance chevaleresque à Hitler et à son ordre noir. L'auteur de l'attentat du 20 juillet 1944, Stauffenberg, en aurait fait partie. Cet ordre désire créer, au lendemain de la guerre, les États-Unis d'Europe. Malraux, le maréchal Juin, bien d'autres sont censés avoir appartenu au prieuré de Sion, popularisé par Gérard de Sède.

Ce château de cartes s'est, depuis, écroulé. Plantard apparaît comme un dangereux mythomane ou un manipulateur adroit. Pourtant le prieuré a servi à désorienter bien des recherches et, comme toutes les fausses sociétés secrètes, à négliger les conspirations réussies.

La dernière réunion du prieuré aurait eu lieu en 1981. L'ordre aurait été dissous depuis. On comprend mieux, dès lors, les raisons de ces méridiennes dont la fonction est aussi de couper la France en deux, conformément au geste de saint Martin, et dans une perspective magique : l'Ouest arthurien et graalique fait face à l'Est burgonde, celui des Nibelungen.

Mais la marque rouge et verte, la marque alchimique, est-elle républicaine ou royale, voire impériale ? On peut considérer que les deux marques s'affrontent ; que certains veulent défendre une république initiatique face à un empire obscur, lié au passé noir de la Burgondie. On peut aussi penser que les deux marques méridiennes se complètent ; comme dans la logique mitterrandienne la république et la monarchie. Cela expliquerait les doubles funérailles : républicaines à Jarnac – la bien nommée, où un souffle soulève le drapeau tricolore recouvrant le cercueil sans qu'il y ait le moindre vent –, royales à Paris.

Mais revenons à un méridien apparemment plus innocent, celui du 14 juillet 2000, jalonné d'arbres et de vertes plantations.

Quel était le projet de Paul Chemetov ? Il l'expose en termes lyriques : « Célébrer le siècle et le millénaire, c'est affirmer que nous avons habité le temps et que nous allons continuer à le faire par-delà la finitude de chaque destin individuel.

La célébration peut donc être l'occasion d'un dépli du temps, comme si nous pouvions, par notre action, en détacher des pièces, mises à plat, avant que d'être remontées.

Mais il nous faut représenter et célébrer, par des constructions matérielles, ce qui va parler du temps et du territoire. Faut-il pour autant céder aux fascinations de la numérologie en érigeant un piquet de 2 000 mètres, ou plus modestement de 2 000 pieds, pour célébrer l'avenir ? L'objet unique peut-il même symboliser ce qui va advenir, peut-il célébrer le temps et l'espace ?

Qu'est-ce qui pourrait résumer et continuer le siècle ? Comment pourrions-nous manifester, en notre humanité, notre dur désir de durer ? Que voudrions-nous mémoriser dans l'île encore déserte de notre futur ? Parce qu'il faut laisser trace, une plantation répond à ces questions. Il faudrait choisir des essences de longue vie, celles que l'on dit millénaires ; chênes dans le Nord, oliviers dans le Midi, espèces d'altitude dans la traversée du Massif central et les Pyrénées. Leur mise en série, leur alignement, leur nombre en feraient, d'une nouvelle façon, des arbres de la liberté qui, cette fois, si nous faisons le choix de la méridienne, parleraient à la fois de la mesure de l'espace et du temps.

La France veut donc affirmer sa marque sur l'horizon du futur. »

La prose des piqueniciens n'est pas moins lyrique : « Quoi de plus original pour rassembler la France tout entière : une incroyable nappe, une incroyable radio, un incroyable relais, un incroyable survol et un incroyable marché de produits du terroir. » Repris point par point, ce révolutionnaire pique-nique assume ses ambitions symboliques.

L'incroyable nappe, de couleur et dessin uniques, d'une longueur approchant les 700 kilomètres, est l'objet même qui « matérialise » le principe de ce projet : unifier, fédérer, rassembler, partager. Elle reflète les notions de lien social, d'enracinement et reste intimement liée à la fabrication, qui, compte tenu de sa longueur inhabituelle, implique des procédés technique spécifiques. Le fond de cette nappe sera vichy (*sic*) et les noms des 337 communes traversées par la méridienne verte y seront inscrits, ainsi que les partenaires officiels.

L'incroyable relais. Le relais partira simultanément à 20 heures le 13 juillet des extrémités nord et sud et couvrira les 337 communes au moyen de sports mécaniques (auto, moto, 4x4) et de sports non mécaniques (course à pied, roller, VTT, équitation,...). Ce relais bénéficie de l'appui du Comité national olympique et sportif ainsi que des 89 fédérations sportives. Chacun des deux relais possédera un objet témoin. Ces deux témoins, assemblés au point de jonction, constitueront un seul et même objet d'un mètre : un sablier. Il viendra formaliser la double réalité du méridien de Paris : la mesure de l'espace et la mesure du temps.

L'incroyable survol. L'enjeu de cet incroyable survol est de déplacer l'incroyable pique-nique aussi dans les airs. Six aérodromes proches de la méridienne verte (Amiens, Aubigny, Aurillac, Ussel, Castres-Mazamet, Carcassonne) accueilleront tous ceux qui se seront déplacés en avion pour converger vers tous les différents lieux de pique-nique. En hommage sans doute aux Montgolfier, plusieurs initiatives locales sont venues s'ajouter à cette mobilisation du monde aéronautique : parachutes, montgolfières, ULM, deltaplanes...

L'incroyable marché. Un peu partout sur la méridienne verte, des marchés de produits du terroir sont organisés par les chambres d'agriculture. Dans les villes et villages concernés, ils permettent aux moins prévoyants et aux plus gourmands de confectionner leur panier de pique-nique sur place. Dans l'Aude, près de Rennes-le-Château, on en profite pour célébrer les châteaux cathares, hérétiques et mystérieux en diable.

Le principe de la méridienne verte, plantée d'essences diverses, renvoie au Mitterrand de Latché arpentant la forêt landaise : « J'aime la forêt, écrit-il. Mon itinéraire de vie me conduit, me ramène de la forêt des Landes à celle du Morvan. » Il effectue un nouveau rapprochement, définitivement hugolien, entre la poésie du verbe et celle du paysage, comme si, dans une sorcellerie invocatoire, le mot, « vapeur de bruit » (Hugo), devait nous donner l'image, la vision de la chose, la forêt en l'occurrence : « On composerait un poème à tracer sur le papier, le nom, simplement le nom, des forêts de

Chaource et de la Dombe, de Brocéliande et de La Chaise-Dieu. »

Cheminant comme Baudelaire à travers « des forêts de symboles », François Mitterrand a observé la destruction de la forêt lors des trente glorieuses, ces années de croissance économique qui balayèrent un monde séculaire. Il s'élève contre l'incurie administrative et le capitalisme destructeur : « J'ai vu disparaître en trente ans la forêt celte du Morvan. Je représente ce pays. Je n'ai rien pu faire pour le défendre. » Il avoue son impuissance et sa tristesse ronsardienne dans *Ici et maintenant* : « La mort des ormeaux est pour moi un deuil de famille... que voulez-vous que j'éprouve quand le bang des supersoniques casse mes vitres et chasse les oiseaux ? Quand le bulldozer abat dans la semaine la forêt de lumière où je redécouvrais les harmonies perdues ?... J'ai les poumons écologiques. » Il oppose la beauté, l'éternité des bois à la rentabilité industrielle : « À quoi bon ces chênes qui exigent un siècle pour la maturité, ces hêtres dont la fibre refuse de s'intégrer aux techniques rentables de la cellulose... vite, vite, la terre et la sève et le bois doivent plier le cycle des mûrissements au rythme de l'homme oppressé. »

Cette destruction du monde des bois est perte de mémoire, crime inexpiable pour un homme aussi habité par l'idée de temps et de mémoire. « On a râpé la roche de Beuvray, poursuit-il, j'y ai cherché en vain la trace des chemins creux que bordaient – jusqu'à une date récente – les hautes souches de la hêtraie, mémoire d'une histoire plus vieille que César. » Toujours ces allusions, chez Mitterrand, à une France d'avant la France, à une France d'avant la Gaule. Il parlait à Georges-Marc Benamou de ses ancêtres berrichons – haut lieu de sorcellerie... – Français d'avant la France.

Après la nostalgie, la douleur réfléchie du constat : « Partout, la forêt meurt. Et le boqueteau, la haie, l'espace vert. L'autoroute, la ville, les professionnels de l'argent et, plus encore, le simple goût d'anéantir l'œuvre du temps, d'affirmer un pouvoir sur l'humble ordre des choses, de tirer du fugace le sentiment de l'éternel, précipitent l'événement. » C'est pour cela qu'il se permet de conclure si audacieusement, si originalement : « La forêt, elle aussi, pose un problème de société. » On n'aurait su mieux dire, à l'heure où les pluies acides dévastaient les *Nemeton*, les temples celtiques et les cathédrales vertes. C'est cette résurrection forestière qu'a voulue la méridienne, quelques mois avant les ravages de la plus épouvantable tempête de notre histoire.

Les arbres plantés le long de cet axe vertical partageant la France du nord au sud ont été choisis parmi les essences ayant une longue durée de vie, adaptées aux terrains et aux climats traversés et en accord avec les propriétaires des terrains. Pour qu'ils aient les meilleures chances de développement, il s'agira de sujets jeunes, de force 16-18 (tronc de 16-18 centimètres de circonférence à 1 mètre de haut) en zone rurale et de force supérieure en zone urbaine. Les principales essences choisies sont le chêne pédonculé, le hêtre, le cèdre de l'Atlas, le châtaignier, le houx, l'if commun.

Tout un discours contemporain s'est développé concernant nos arbres, le rapport épistémologique et symbolique que nous entretenons avec eux :

après la tempête, en effet, nombreux sont les donateurs de l'opération « Reboisons la France » qui ont fait établir un certificat de baptême au nom de leurs enfants ou petits-enfants. Ces parrainages sont, selon les historiens, les héritiers d'une tradition ancestrale. De tout temps, en liant la croissance d'un enfant à celle d'un arbre, on a cherché une source d'immortalité, un « arbre généalogique » qui nous intègre dans l'Histoire. Si les témoins verts des naissances et mariages royaux affichent toujours leur présence dans les parcs de France, le rituel se poursuit avec une belle vigueur.

Outre tous les arbres que nos élus plantent à chacun de leurs déplacements, voici un petit inventaire des contributions dûment répertoriées : une rangée de tilleuls pour Giscard d'Estaing à l'Élysée, un hêtre et un frêne (arbre de la connaissance runique) pour Mitterrand. Raymond Barre a fêté ses six premiers mois au poste de Premier ministre en plantant un cèdre de l'Atlantique. Le geste est resté et le parc de Matignon s'est enrichi d'un chêne de Hongrie avec Mauroy, d'un chêne des marais avec Fabius, d'un copalme d'Amérique avec Rocard, d'un ginkgo avec Cresson, d'un tulipier de Virginie avec Bérégovoy, d'un érable argenté avec Balladur, d'un katsura avec Juppé et d'un orme avec Jospin. Seul Chirac a dérogé à la règle..., mais il a largement fait la promotion du pommier lors de sa dernière campagne présidentielle.

Pour le philosophe Luc Ferry, s'il existe une symbolique « arbre de droite – arbre de gauche ; jardin à la française – bois naturel », un nouveau discours politique apparaît : « L'arbre se situe aujourd'hui à la pointe extrême de l'idéologie démocratique. »

Après les droits de l'homme, de la femme, des enfants et des animaux, voici venu le temps des droits de l'arbre, un nouveau citoyen à protéger et à défendre.

Plus prosaïquement, en plantant quelques arbres dans son jardin, à côté de sa maison en bois, le propriétaire rend à la nature le prélèvement qui lui a servi à bâtir. Ce jour-là, il peut goûter à la tradition née sous la Révolution française : pour les arbres de la liberté, plantés en grande cérémonie sur la place du village, le premier arrosage était à base de vin, dont le public profitait aussi.

À l'âge des nains de jardin – le gnome, c'est le connaissant, celui qui indique –, Mitterrand, le Président facétieux, apparaît sous la forme d'un... géant ; oui, un géant de jardin. Gwendoline Raisson rapporte, dans *L'Humanité*, les événements survenus dans la résidence François-Mitterrand d'Outreau[1], dans le Pas-de-Calais : « Elle est devenue depuis quelques mois le dernier lieu en vogue où venir se payer une bonne tranche de fou rire. Touristes, curieux, journalistes font désormais le détour pour constater que, oui, un buste de François Mitterrand de 3,50 mètres de haut trône bien au milieu de la cité, sous les fenêtres, quand ce n'est pas dans le jardin, des maisons avoisinantes. Le dos tourné au port de Boulogne-sur-Mer, la statue de l'ancien Président éclate de blancheur contre le bitume de la route et le gazon qui lui recouvre les épaules. Il y en a une toutefois, que ce mastodonte ne fait pas

1. Il y avait Sol Outré ; il y a Outre Eau maintenant.

rigoler, c'est Sophie. Le Président, elle l'aurait préféré en nain de jardin. François Mitterrand a en effet atterri à quelques mètres seulement de sa maison toute neuve. Outre l'effet esthétique désastreux sur son bout de gazon, cette jeune mère de famille déplore également l'arrivée en masse de visiteurs sous ses fenêtres... Le maire socialiste, Jean-Marie François, mitterrandien déclaré, semble ne pas regretter sa commande. D'après le sculpteur, les deux hommes auraient pour projet de réaliser bientôt un portrait du général de Gaulle en libérateur, et de retracer, à terme, toute l'histoire contemporaine dans la ville, à travers des sculptures. Les habitants d'Outreau peuvent trembler pour leur pelouse... »

Deux observations : d'une part, les maires et les élus sont de plus en plus amateurs de symboles et de sensations architecturales et festives, comme l'ancien Président ; d'autre part, Mitterrand apparaît fréquemment sous une forme subliminale ou autre, en tant que dessin animé dans *Le Bossu de Notre-Dame* où il incarne le sinistre Frollo, en tant que géant dans cette bourgade du Nord, en tant enfin que fondateur, à travers ses gestes architecturaux, d'une nouvelle vision de l'espace urbain, rendu à des initiés.

Que son incarnation en géant se produise dans le Nord n'est pas une surprise. Sur ces terres, le géant est un signe positif dans le cadre des carnavals (les défilé de géants), alors qu'il est négatif dans la Bible et la mythologie. Les géants sont ceux qui se révoltent contre Zeus et incarnent une hiérarchie militaire dévoyée. En outre, dans le Livre d'Enoch, les anges (ou *nephilim*) tombés du ciel qui, suivant la formule célèbre, s'unissent aux filles des hommes, mettent au monde de grands géants, après avoir enseigné aux humains la sorcellerie, les incantations et la connaissance... des arbres et des racines. Ainsi, Azazyel enseigne aux hommes à fabriquer des épées, des couteaux, des boucliers et même des miroirs. Ces inventions sinistres corrompent et altèrent le monde et la fornication se multiplie. Toute la corruption tant de fois dénoncée du règne obscur de Mitterrand aurait-elle une origine similaire ?

5.

Mitterrand *dibbouk* et le désordre noir

Comment expliquer un passé qui ne passe pas, et les raisons des agissements de Mitterrand, l'ange à la face obscure, l'homme de Vichy et de la monarchie corrompue, l'ami de Bousquet et des gens de l'OAS, le mage ombrageux de la Gaule celtique et des manipulations pharaoniques, qui vouait à son moi un culte inquiétant ? « Mitterrand, cette image même de ce que la France ne veut plus revoir, en un mot, ce fantôme », disait un de ses prédécesseurs. Mitterrand et le côté obscur de sa force. Car plus l'homme essaie de s'élever, plus ses racines s'enfoncent dans les ténèbres.

Dans la Kabbale, il est dit que la lumière divine fut contenue dans des vases solides. Quand ces lumières émanèrent par la suite, leur impact se révéla trop fort pour leurs récipients qui, ne pouvant les contenir, éclatèrent. La majeure partie de la lumière libérée remonta à la source supérieure, mais un certain nombre d'étincelles divines qui y adhéraient tombèrent dans l'espace vide. Elles donnèrent naissance, à un moment donné, au domaine de la *qlipa*, c'est-à-dire l'écorce ou la coquille que la terminologie kabbalistique nomme l'Autre Côté.

L'un des buts de tout kabbaliste est de libérer la lumière divine et les âmes saintes du domaine de la *qlipa*, que représentent sur un plan terrestre et historique la tyrannie et l'oppression. Car nous sommes emprisonnés dans les *qlipot*. Politiquement, elles correspondent au totalitarisme et au fascisme ; économiquement, à la vaste prison industrielle d'un antimonde contemporain, celui qui a déporté, justement, et exterminé des peuples presque entiers.

Mais, en même temps, ces *qlipot* sont un substrat culturel, historique d'un passé qu'on croyait enfoui, oublié et qui devait ne pas remonter. Or il est remonté ce passé, ce passé qui en France, comme l'avait vu Marc Bloch, n'avait pas supporté la Révolution et l'avènement des Lumières. Et il est remonté sous la forme de la théogonie de la Gaule chevelue, de ces Vercingétorix et tribus cannibales, de cette France éternelle, de cette terre qui ne ment pas et de ces célébrations telluriques dont on a vu qu'elles constituaient l'épicentre de la mythologie mitterrandienne. Étrangement, cet archéofuturisme, comme dit un des leaders de la nouvelle droite, s'accommode toujours très bien de la technique moderne. Un coup de Burgondie, un coup de chemin de fer. Un coup de gauloiseries, un coup de camp électrifié.

Écoutons Georges-Marc Benamou évoquant ses entretiens avec Mitterrand : « Il trouve une place pour Pétain dans cette chronologie fantaisiste au sein de laquelle le plus médiocre des présidents de la IIIe République côtoie François Ier... Il n'y a pas le flottement qui signifierait la parenthèse, la distance à mettre entre Philippe Pétain et lui, et les autres, tous les autres... Philippe Pétain s'était glissé en douce sous le manteau de rhétorique de François Mitterrand. »

Laure Adler, elle aussi, a observé avec surprise cet étourdissement spirituel, lors d'une remise de la médaille de la famille française : « Travail, Famille, Patrie : Mitterrand rétablit la continuité symbolique du rôle d'un Président représentant la France éternelle, orgueilleuse de son savoir-faire, fière de son rang dans le monde, une France atemporelle, puisant sa force dans ses racines et ses traditions. »

On comprend pourquoi Mitterrand ne voulait pas qu'on jugeât Bousquet et les autres, pourquoi aussi il fleurissait la tombe de l'île d'Yeu, en bon enfant de Pétain. Mais tout cela vient de plus loin. Mitterrand n'était pas qu'un de ces anciens pétainistes qui avaient bien mérité de la Libération. Il en est bien d'autres, collabos et fils de collabos qui ont fait leur miel de la nouvelle République pour contrôler la France. Non, Mitterrand était comme un esprit programmé pour incorporer, comme il l'a dit, la terre française, la terre éternelle de Vichy. Et il n'était pas le seul : de Gaulle a joué aussi à ce jeu-là, lui qui ululait la nuit : « La France... le général de Gaulle... la France... le général de Gaulle... », avant de s'en prendre à l'immigration arabe ou de dénoncer « le peuple d'élite sûr de lui et dominateur. »

Mitterrand se savait possédé à la nuit tombée. Il déclare à Giesbert, un soir des années 70 : « J'ai le sentiment, quand la nuit tombe, d'être absorbé par quelque chose de très noir. » Cet homme était vide et il a laissé entrer l'Autre Côté, le domaine du rêve et des atmosphères de Kubin, pour emplir son vide.

L'homme de la haine, antisémite ou autre, est d'abord un homme creux, un *Hollow Man.*

Mitterrand était un *dibbouk*, un esprit possédé. Écoutons, encore une fois, Benamou : « Ce vieil homme assiégé m'est soudain inconnu. On dirait qu'il y a un *dibbouk* en lui, le *dibbouk* de De Gaulle qui ce soir martèle : "une guerre inconnue, une guerre permanente, sans mort apparemment, et pourtant une guerre à mort". » Peu après cette intuition, le journaliste se rend compte que, sur un montage du photographe polonais Krystof Pruszkowski, la superposition des négatifs des visages des Présidents de la Ve ne laisse subsister que ceux de De Gaulle et de Mitterrand. Les deux entités qui parlaient aux esprits ont un corps astral proéminent, à l'évidence.

Le *dibbouk* est l'Esprit malin qui s'empare de l'âme d'une personne. Le *dibbouk* d'un homme entre dans le corps d'une femme et le domine ; celui d'un faible et d'un humilié établit son siège, par effraction et violence, dans les entrailles du glorieux et du superbe, et dès lors le puissant gémira de toute sa force. Le dibboukisme est la forme courante de la représentation et de la phénoménologie de la possession dans la mythologie juive. En tant que « nature », le *dibbouk* n'est ni démoniaque ni même, au sens propre, un mauvais esprit. Il ne surgit pas d'un délire dans le style de la démonologie gothique rétrospective ou déjà anachronique, comme dans les sorcières de Salem. Le *dibbouk* est précisément l'âme d'un être défunt ou en déperdition et qui hante l'âme d'un être « correspondant » et vivace. C'est avant tout une voix de protestation qui clame, souvent à l'aide de l'antiphrase, le tort qui lui a été fait.

Aussi bien l'exorcisme est-il moins une opération purement magique que l'instruction d'une mesure de justice. Les kabbalistes font office de juges et se réfèrent à la Loi du Sinaï. Le *dibbouk* est considéré comme un plaignant et le tribunal lui demande seulement d'interrompre momentanément sa clameur de blessé, pour exposer son dol en paroles cohérentes. Le *dibbouk* étant, suivant le terme de la Kabbale lourianique, « une âme mise à nu », un errant en quête d'un aboutissement ; le seul fait d'être reconnu comme requérant, de devenir l'objet d'une assemblée délibératrice de justice, le réintègre déjà dans la communauté. Si le tort qui lui a été fait ne peut pas être réparé, la justice effective et distributive n'étant pas de ce monde, il n'en reste pas moins que son « enregistrement » constitue dans l'immédiat un acte de compensation en vue de la globale réparation de perspective eschatologique, dans un monde à venir qui ne se ressentira plus de l'originel accident détériorant de la « brisure des vases ». Brisure des vases qui est à l'origine des chutes d'étincelles dans les *qlipot* évoquées précédemment.

Qui possédait l'âme de François Mitterrand ? Qui lui soufflait de ne rien faire pour l'Afrique ou pour la Bosnie, au nom toujours d'une idée impériale : l'empire russe, l'empire colonial, que sais-je ?...

Dans les années 70, François Mitterrand voit toujours Bousquet et rend hommage à l'œuvre d'un écrivain d'extrême droite, Jean Figueras, qui vient de publier un ouvrage sur les vrais et faux résistants. Walt Disney l'Illuminé prêtera au sinistre Frollo les traits de Mitterrand dans le bossu de Notre-Dame. Il faut être aveugle pour ne pas le voir. Le journaliste luxembourgeois Frank Wilhelm l'a vu, lui, en commentant élogieusement un livre de Jean-Édern Hallier atteint de cécité. Cette punition, consistant à frapper la vue ou bien l'œil gauche, est fréquente dans le domaine obscur. Mitterrand se plaignait lui-même de ces attaques magiques. Il déclare ainsi à Séguéla : « Les rumeurs fonctionnent comme une sorte de meurtre sacrificiel, comme si on plantait des aiguilles sur ma photo. » Étrange allusion aux pratiques de magie noire dans la bouche du plus haut personnage d'un État moderne et laïque. Magie noire à laquelle on pourra joindre cette misérable affaire du sang contaminé, symbole pour certains de la corruption finale du royaume du Graal et du précieux sang de la terre qui ne ment pas.

Frollo, en tout cas, persécute la cour des miracles, parabole de l'immigration, dans le film *Le Bossu de Notre-Dame.* Et comme il désire Esmeralda, il invoque Lucifer et les forces des ténèbres. Le dessin animé de Disney est projeté en 1996. On sait qu'il est le fait de dessinateurs français des Gobelins, censés être les meilleurs de leur catégorie.

Ce serait au Caire, ou en tout cas en terre noire égyptienne, et plus précisément lors d'un rassemblement, d'une cérémonie funèbre, peut-être lors de grandes funérailles faisant suite à un attentat, à un bain de sang, que François Mitterrand aurait rencontré, selon Danieli, ou tout au moins coupé le chemin du mystérieux troisième élément appelé, désigné, invoqué, comme étant de la lignée de Thèbes.

L'Égypte, entonnoir de mages noirs. Or, pour Parvulesco, « la doctrine de Roger-Gilbert Danieli avançait que tout ce qui se passe dans le monde se trouve occultement décidé, répercuté en Égypte et depuis l'Égypte ; ou, plutôt, que l'histoire mondiale dans son entier, dans son devenir visible et invisible, n'est en fait que la projection de plus en plus obscurcie, déchue, de l'histoire secrète de l'Égypte, qui continue sa marche en spirale ascendante au-delà de l'histoire, se développant à l'intérieur d'elle-même, indéfiniment, suivant un dessein préconçu et entretenu, intact, par ses plus anciens dieux ».

S'il est un domaine empli de *qlipot,* c'est bien l'Égypte. Au-delà d'un tourisme industriel, le pays reçoit les visites des grands de ce monde, et même des sommets censés concerner le Nouvel Ordre mondial. De Cagliostro – initiateur du rite de Memphis –, à Bonaparte, en passant par la pyramide, l'obélisque de la Concorde et le reste, la France est très tenue par l'Égypte. Elle est sous sa haute garde, héritière présumée de sa royauté sacrée et de ses cérémonies funéraires macabres. Pour Parvulesco, « si Memphis se trouve sous la garde des abeilles, Thèbes sous celle des lionnes sacrées de Sekhmet, et si Héliopolis bénéficie de la gloire ardente et agissante, inexpugnable, des hirondelles bleues d'Isis, François Mitterrand serait donc bien, lui, cet homme couvert d'abeilles que tant d'occultistes majeurs, dont le Dr Alexander von Bernus, ont su reconnaître, intercepter dans le tumulte de l'histoire occidentale à sa fin »...

La France noire et brune, la France de la Burgondie wagnérienne et des vengeances terribles, nous y sommes. Cette France resurgie avec et grâce à Mitterrand et à ses continuelles combines. La France des *qlipa*, des écorces mortes qui emprisonnent les Lumières. En dénonçant le cynisme tranquille de François Mitterrand, parti de la droite, frileusement conservatrice, partisane de Vichy, pour s'orienter, suivant l'évolution de la situation, vers la Résistance, la France libre, la gauche modérée, la gauche marxisante et se réorienter vers une gauche affairiste et gestionnaire, en fait vers le libéralisme économique sauvage doublé d'une politique ambiguë face à la montée du lepénisme, nous abordons un sujet plus politique, en apparence seulement.

Mitterrand rêvait d'ordre solaire, de chevalerie et de belles manières, mais il a aussi couvert l'OAS et Oradour-sur-Glane. « L'Algérie, c'est la France. » Cette phrase a généré une mystique « Algérie française » et le dernier mouvement terroriste massif et guerrier, bien dans la tradition de la Cagoule et de cette droite invisible avec laquelle Mitterrand a entretenu des liens si secrets et si curieux. L'affaire de l'amnistie des généraux responsables du putsch d'Alger est des plus étonnantes ; rançon d'une des innombrables promesses du candidat à l'élection présidentielle de 1981, volonté d'apaisement des affrontements entre Français, générosité présidentielle, ou simple hommage d'un ancien partisan de l'Algérie française à certains de ses pairs convaincus d'injustice par le jugement de l'Histoire ? Mitterrand, qui avait tout loisir de faire partie des cocus de l'Histoire – les pétainistes, les colonialistes, les anticapitalistes –, a toujours su léviter entre les obstacles et se retourner magnifiquement. Ces retournements n'ont été que théoriques, puisque dans les faits il est demeuré fidèle à ses engagements personnels, les seuls qui comptent dans une perspective traditionnelle. Le plus étonnant est que Mitterrand a conscience du caractère peu rentable sur le plan politique de sa décision : « Ces gens sont de droite et ils le resteront. Ça ne rapportera rien du tout mais il faut le faire. » Ce « il faut le faire », rapporté par Raymond Courrière, alors responsable du département ministériel des Anciens Combattants, a une résonance extraordinaire dans la bouche d'un homme politique de la fin du XXe siècle. Et l'auteur de l'amnistie de persister et signer : « C'est un geste dont je suis fier. J'ai rudement bien fait, j'ai eu raison. »

Mitterrand a toujours eu du respect pour les soldats des guerres perdues : « Salan, coupable de n'avoir point discerné que ce qui était bon et légitime lorsqu'il s'agissait d'abattre la IVe République s'appelait déshonneur et forfaiture dès lors que la Ve République était mise en péril, connaîtra bientôt le prix de son erreur d'appréciation. » Et sur Isorni, le dirigeant de la gauche déclare : « J'admets qu'il est un homme de droite, que la droite existe et qu'il vaut mieux après tout qu'elle soit inspirée par un homme tel que celui-là plutôt que par un domestique de l'argent. » On retrouve ici une des tendances longues les plus visibles chez Mitterrand : le refus du culte de l'argent roi, de Mammon.

Mitterrand aime d'autre part amnistier, comme il aime pardonner et gracier. Il avait voté l'amnistie pour les Français engagés dans la division allemande responsable du massacre d'Oradour-sur-Glane. Une plaque avait été apposée par les habitants du village, rappelant les noms, dont celui de François Mitterrand, des députés qui avaient voté l'amnistie.

Tels sont deux aspects de cette double nature. Sa double nature – car ce n'est pas lui, vous l'aurez compris, que nous mettons en cause, mais le *dibbouk* qui était en lui – apparaissait en ces termes : dans le camp de prisonniers du stalag IX A, un éditorialiste du journal *L'Éphémère* signe, en septembre 1941, sous le pseudonyme d'Asmodée, ces lignes étranges : « Tel Vautrin, François Mitterrand est l'homme aux incarnations multiples. Il a en effet le don d'ubiquité et je le soupçonne fort d'être en possession du secret redoutable du dédoublement de la personnalité. Nouveau Janus, on le voit ici élégant rédacteur du journal, fin lettré, philosophe perspicace et subtil, et on le rencontre là, sanitaire ponctuel et affairé, dévoué à la cause d'Hippocrate. »

Personnalité éminemment complexe : on ne parle pas encore du Florentin, mais on parle déjà de Janus, de Vautrin, de son don d'ubiquité ; certains le situent à droite, voire à l'extrême droite. Mais l'homme religieux veut à nouveau respirer au cours du procès de Pétain : « Par une fenêtre haute, on aperçoit la flèche de la Sainte-Chapelle. Le ciel de juillet la découpe, fragile et pure. Véritablement, c'est au-dehors de cette salle dorée et plate qu'il faut chercher à respirer. » Cet impressionnant mépris de la France vasouillarde qui écœurait également Bernanos revenu de huit ans d'exil témoigne de la face d'ombre de notre personnage. On comprend dès lors la position du pétainiste Delage parlant à Jacques Isorni : « Nul mieux que moi ne peut avoir une confiance totale dans la parole de notre ami. Mais au milieu des heures parfois tragiques qu'il vit et supporte avec un calme étonnant, je suis sûr qu'il attend l'heure que seul il peut choisir pour nous donner satisfaction. »

Il y a de toute manière un mystère grotesque de la mission Pétain ; le vieil homme avait été mandaté pour que la France retourne vers sa source obscure, qu'elle accomplisse un cheminement de croix, un pèlerinage initiatique vers son origine paysanne et chrétienne. Pétain a parodié Clovis, et le propre du diable est de singer Dieu ; Hitler l'a bien montré. Ces remarques nous donnent à penser que la gerbe offerte à Pétain concernait aussi bien le Pétain de Vichy que celui de Verdun. Mitterrand, dont on a pu constater la continuité sous les vicissitudes, est demeuré fidèle à une certaine idée de la France qui a pu, à un moment ou à un autre, s'incarner dans la révolution nationale : « Vichy n'était pas un bloc, la résistance intérieure non plus. Entre les deux, en fonction du temps, les frontières étaient parfois poreuses... » Les frontières sont aussi poreuses dans le domaine de l'invisible qui nous préoccupe.

Aussi logique est son rapport – jusqu'à la mort, jusqu'au siège des démons venus le chercher dans le couloir élyséen – avec Grossouvre. Il est de notoriété publique que Grossouvre invitait fréquemment des gens d'extrême droite à ses fameuses chasses ; tel Dominique Venner, animateur d'Europe-Action au début des années 60, reconverti dans l'histoire, les armes et la coutellerie. Grossouvre invitait d'autres personnages de l'ombre dont la présence aurait pu faire scandale. Le marquis avait d'ailleurs demandé à la presse d'extrême droite de l'épargner. Le fait que les informations sur Mitterrand transitent par l'extrême droite pouvait les décrédibiliser, notamment aux yeux du *Monde.* Mais pas aux yeux de tout le monde. Certains des journalistes de cette honorable famille sont en tout cas convaincus que Mitterrand ne leur reprochait pas – même s'il les mettait sur table d'écoute – ces révélations. Au contraire : elles le soulageaient, et son *dibbouk* s'en félicitait frénétiquement.

Il est en tout état de cause remarquable de songer que les mystères scandaleux de la présidence s'articulent autour de la chasse présidentielle et des nemrods, grands veneurs, que furent, chacun dans son monde, Patrice Pelat et François de Grossouvre. Citons ces lignes de Jünger consacrées au mystérieux grand Forestier des *Falaises de marbre* : « Comme seigneur et protecteur de la patrie des être errants, le vieux jouissait aussi au-delà de ses frontières d'un pouvoir immense, secret, et qui poussait de lointaines ramifications (...) Le grand Forestier (...) était environné d'une abondante domesticité, chasseurs en livrée verte, fonctionnaires de sa maison et intimes de toute espèce. On eut quelque idée durant ces fêtes de l'espèce de bonheur dont le vieux aimait s'entourer dans ses forêts. »

Du même roman – on sait que Mitterrand allait rendre visite à Jünger en compagnie de Kohl, l'homme oint par les huiles des Elfes –, on retiendra ces lignes qui décrivent le personnage de Braquemart : « En ce qui concerne Braquemart, il était profondément marqué de tous les traits du nihilisme finissant. L'intelligence froide et sans racine, ainsi que le penchant à l'utopie, étaient entrés dans sa nature. La vie était à ses yeux, comme aux yeux de tous ses pareils, une mécanique d'horlogerie, et il considérait la violence et la terreur comme les roues motrices de l'horloge de la vie. En même temps, il se berçait de l'idée d'une nature seconde, obtenue par l'artifice et s'enivrait du parfum des fleurs imitées, ainsi que des jouissances d'une sensualité préméditée par l'intelligence. La création dans son cœur était morte, et il l'avait reconstruite comme on fait d'un jouet. C'étaient les fleurs du givre qui s'épanouissaient sous son front. Lorsqu'on le voyait, on songeait irrésistiblement à la profonde parole de son maître : le désert s'accroît, malheur à qui recèle des déserts ! » Devise de Nietzsche, écrivain préféré de Mitterrand à la fin de sa vie, avec Spengler, l'homme qui dénonça le déclin de l'Occident...

Cette vision héroïque, sacrée et chevaleresque, monarchique et grotesque, devait naturellement déboucher sur une conception métapolitique appliquée à notre époque industrielle. Ce qui pose le cas Abellio : Georges Soulès, *alias* Raymond Abellio. Soulès, polytechnicien converti à la numérologie, a publié *Heureux les pacifiques*, *La Fosse de Babel*, *Visages immobiles*, Abellio est fasciné par les nombres, l'élitisme civilisateur de quelques grands hommes, ainsi que par le communisme. Formé par la doctrine marxiste, Abellio, qui était à l'aile gauche de la SFIO avant-guerre, plonge dans la collaboration théorique durant la guerre comme beaucoup d'autres. Il publie en collaboration, sous son vrai nom, *Vers un nouveau prophétisme*, pamphlet fortement teinté d'antisémitisme, d'antijudéo-maçonnisme et d'anticapitalisme anglo-saxon. Fuyant la France et l'épuration après 1945, Abellio y rentre de nombreuses années plus tard et aurait servi de précepteur à Jean-Christophe Mitterrand. Luimême renie ses errements de jeunesse et écrit des livres sur la Kabbale : *La Bible, document chiffré, Approches sur une étude des nombres bibliques*, écrits en collaboration avec Charles Hirsch.

Dans *La Fosse de Babel*, ce clerc-obscur nomme « communisme sacerdotal » sa doctrine anticapitaliste et ésotérique. Le héros, Drameille, tente de s'allier à un communiste, Pirenne, et à des Américains pour prendre le pouvoir. Abellio reprendra, sur la fin de sa vie, les théories duméziliennes de la trifonctionnalité, en dédoublant la troisième fonction : gestion et exécution, en lieu et place de production. Rappelons que les première et deuxième fonctions sont le sacerdoce et la guerre.

Le cas d'Abellio est intéressant à plus d'un titre ; il marque l'évolution complexe d'un esprit de l'époque du Front populaire à l'après-guerre, ainsi que la volonté mal récompensée de trouver une troisième voie entre capitalisme et stalinisme. Cas exemplaire à maints égards. Abellio est lié à la mythologie de la synarchie, inspiratrice de l'économie mixte à la française, de la troisième voie, mais qui est aussi le modèle de l'économie fasciste. La synarchie est un courant de pensée qui trouve ses racines dans la mystique versaillaise de Saint-Yves d'Alveydre. Il se développa pendant l'entre-deux-guerres dans les milieux des Grandes Écoles influencés par l'ésotérisme martiniste. Ses partisans rêvaient d'exercer le pouvoir au nom de leurs compétences techniques et sous l'autorité politique d'un « collège de grands initiés » qui, ignorant la lutte des classes, transcenderait le clivage droite gauche. Ils multiplièrent les groupes de réflexion dont le plus significatif fut, en 1931, X-Crise. À l'initiative de Jean Coutrot, des polytechniciens pensèrent une économie planifiée pour répondre à la crise de 1929. Sous Philippe Pétain, les partisans de la synarchie justifièrent de la « nécessaire continuité de l'État » pour poursuivre leur carrière et préserver les intérêts de puissants trusts, dont la banque Worms. S'adaptant au pouvoir personnel du Maréchal, ils abandonnèrent toute référence à un « collège de sages » et autres fantasmes martinistes pour se cantonner dans la défense de leur corporation. À Vichy, les factions rivales de l'État français s'accusèrent mutuellement de complot synarchique. Le 17 novembre 1941, le Maréchal institua une Fondation française pour l'étude des problèmes humains, dont le Prix Nobel de médecine, Alexis Carrel, fut le régent. Cette institution synarchique fut animée notamment par Alfred Sauvy, président de l'Alliance Population et Avenir. Elle ambitionnait d'inventer une « anthropotechnie ». À la Libération, ce courant de pensée, s'épurant de toute référence à l'État français, s'investit dans la création de l'ENA et du Commissariat au Plan.

Du fait de la radicalisation du *dibbouk*, la France est aujourd'hui dans le box des accusés de l'Histoire. Les Texans ont répondu à Robert Badinter, partisan d'une plus grande humanité en matière de justice : « Vous n'avez rien à nous dire. La France, c'est Vichy. » C'est peut-être le cas pour eux. Et pour Mitterrand.

En 1984, Madelin, Toubon et d'Aubert ont tenté, à la tribune de l'Assemblée nationale, de rappeler cette période trouble. « Dans sa notice biographique de 1945, François Mitterrand se présente comme éditeur alors qu'il n'était que le directeur de la revue *Votre Beauté*. Je laisse aux historiens le soin de retrouver qui était le propriétaire de cette revue », dit Madelin. Mais ce 2 février 1984, alors que pleuvent les injures dans ce débat sur le nouveau statut de la presse, on n'en saura pas plus. On rappelle la demande de reparution de *L'Humanité* en 1940, les activités d'Hersant pendant l'Occupation. On nage dans le surréalisme, on croirait entendre des querelles de gosses où s'échangent, mêlées, injures et menaces. C'est là que le drame éclate : on a mis en cause le passé de Mitterrand lui-même. Épouvantable crime de lèse-majesté. Georges Fillioud s'étrangle à moitié et quitte la séance qui est aussitôt levée. Les trois députés de l'opposition sont sanctionnés – cas unique dans les annales de la Ve République – par le président de l'Assemblée, Louis Mermaz, qui est d'ailleurs, faut-il le rappeler, professeur agrégé... d'histoire !

Qui était donc le propriétaire de cette revue ? Il s'agit d'Eugène Schueller, l'industriel créateur de L'Oréal (oréal, pour or réal, or royal ? Suite de la conspiration contre-révolutionnaire par d'autres moyens économiques et cosmétiques ?). Schueller a été l'un des financiers de la Cagoule, l'un des fondateurs du MSR (Mouvement social révolutionnaire, ultra-collaborationniste sous l'Occupation) et l'un des artisans de la liste Action et unité républicaine qui verra, en 1946, Mitterrand entrer en politique.

La Cagoule rassemble une poignée d'hommes appartenant soit aux affaires, soit à l'armée, et contrôlant diverses organisations civiles et militaires créées pour prévenir et éventuellement combattre un complot communiste. En 1937, la trahison d'un des membres de l'organisation permet son démantèlement. Des dizaines d'arrestations sont opérées, des centaines d'armes saisies, des projets de coups d'État mis au jour et plusieurs affaires criminelles tirées au clair. Le Front populaire s'empare bien entendu de ce dossier avec délice. On crie au fascisme, on révèle l'imminence d'un coup d'État, on s'inquiète de complicités au plus haut niveau, on dénonce les objectifs antisémitiques, antimaçonniques et anticommunistes de l'organisation, on accuse l'Allemagne nazie et l'Italie fasciste de financer la Cagoule.

Quant au MSR, son programme, résumé par Eugène Deloncle, prône « l'Europe nouvelle, l'Europe nationale-socialiste que rien n'arrêtera. Elle sera nationale, cette nouvelle Europe, parce que, dans la nouvelle extension des groupements humains, la nation reste l'unité de base, la cellule élémentaire du monde nouveau. Elle sera socialiste, parce que les progrès de la technique moderne ont créé des sommes de richesse dont la production disciplinée permet au plus humble travailleur de participer largement au bien-être général. Elle sera raciste enfin, cette nouvelle Europe, parce que l'anarchie économique et la division politique n'ont jamais servi que les intérêts d'une seule caste : celle des juifs, celle des banquiers internationaux dont la guerre est la principale source de profits ».

Pour autant, ce n'est pas parce qu'on a été un temps l'employé d'un homme compromis qu'on est à jamais disqualifié. Mais en réalité, Alain Madelin entendait ranimer, par son geste à l'Assemblée nationale, les spéculations déjà anciennes sur l'appartenance de Mitterrand à la Cagoule.

Une chose est sûre : toute la vie de Mitterrand est « encagoulée » en quelque sorte. Parmi son entourage, ses amis, ses protecteurs, ses obligés, les cagoulards pullulent littéralement. Et il est remarquable que chacun des grands moments de son existence voit intervenir, tel le messager de la Providence, un cagoulard de haut grade. Cagoule dont on sait qu'elle est liée à une *tarîqah* musulmane héritière d'Abd el-Kader, frère maçon, qui a continué d'agir jusqu'à une date très récente sur le sol français.

Deux de ses cousins étaient cagoulards : Yves Dautun et Jean-Marie Bouvyer ; auxquels s'ajoutent Méténier, Bénouville – qui le soutenait toujours à l'Assemblée nationale —, Gabriel Jeantet – son parrain de Francisque numéro 2202 —, Simon Arbellot ; et le frère de Mitterrand, Robert, avait épousé la nièce de Deloncle.

Il faut dire tout de même que tous les cagoulards ne se sont pas engagés dans la collaboration. D'autres ont choisi la Résistance, en France ou à Londres. Pour la même raison, la Cagoule a joué un rôle capital dans l'organisation des relations entre Londres et Vichy. Et il est significatif de découvrir, par exemple, dans l'histoire de la Résistance, que le cagoulard résistant Maurice Duclos, blessé lors d'un parachutage, fut recueilli et caché par le cagoulard vichyste Gabriel Jeantet.

Madelin n'a pas innové : plusieurs fois le bruit a couru. Le 27 juillet 1954, Jean-André Faucher, par ailleurs cousin éloigné de Mitterrand, écrit dans sa publication *Lettre à un cousin* : « Hier, dans la cour du ministère de l'Intérieur, François Mitterrand célébrait la mémoire de Marx Dormoy, le ministre qui fut assassiné par la Cagoule à Montluçon. Ceux qui, comme moi, ont reçu les confidences de certains policiers qui exploitèrent la liste Corre (...) ont le droit de sourire. Tout va si vite en France. Et ceux qui savent en quelles eaux politiques Mitterrand connut son ami, l'industriel Schueller, le beau-père de l'actuel ministre Bettencourt ; ceux qui savent que le cagoulard Méténier rencontre encore assez souvent François Mitterrand et qu'il travaille chez Schueller ; ceux qui savent que le cagoulard Jacques Corrèze doit la situation qu'il a à Madrid à Schueller, ont le droit de se taper sur les cuisses... » Au moment de l'affaire des fuites[1] à la tribune de la Chambre, le député Legendre accuse Mitterrand d'avoir été cagoulard. Il le connaît fort bien et depuis longtemps : avant-guerre, le second, jeune étudiant, venait suivre les cours de rhétorique que le premier donnait à Paris pour le compte du mouvement des Croix-de-Feu du colonel de La Rocque. Gabriel Segonzac, qui fut détenu au stalag IX A de Ziegenhain avec Mitterrand, écrit : « Je me souviens très bien d'y avoir vu un certain sergent d'infanterie

1. En 1954, des fuites constatées à la suite des réunions du Conseil de Défense nationale déstabilisent un temps F. Mitterrand, ministre de l'Intérieur, accusé d'en être à l'origine.

coloniale nommé Mitterrand. Il se tenait à l'écart et passait pour être un cagoulard, on disait que le gouvernement de Vichy le réclamait pour lui donner la direction d'un service de prisonniers de guerre. »

Tentons de répondre à la question clé : Mitterrand était-il lié à l'extrême droite ? L'intéressé s'en défend. Il prétend avoir eu quelque attirance pour le Sillon, mouvement chrétien d'inspiration vaguement socialiste fondé par Marc Sangnier et qui polémiquait violemment avec l'Action française. Seulement voilà, le vice-président de la Fédération nationale des étudiants, collégiens et lycéens d'Action française se souvient de lui avoir attribué une carte pour l'année scolaire 1934-35. Par ailleurs, une photo ne prête pas à confusion ; plus intéressante encore la légende qui l'accompagne publiée dans *Le Figaro* et dans *L'Écho de Paris* le 2 février 1935. On lit : « Les étudiants de toutes les facultés se formèrent alors en colonnes et, chantant *La Marseillaise*, criant “Aux Français la France !” et “conspuant les métèques”, tinrent pendant près de quatre heures les boulevards Saint-Michel et Saint-Germain, sous l'œil paterne des gardiens de la paix. »

En 1934, François Mitterrand arrive à Paris et s'inscrirait donc à l'Action française. Il ne reprend pas sa carte à la rentrée suivante. On ignore pourquoi. Ce que l'on sait, c'est que justement, à ce moment-là, l'Action française a éclaté. À l'automne 1935, un groupe de Camelots du roi, la 17e équipe, qui rassemble les militants du XVIe arrondissement, s'est mise en dissidence. C'est justement ce groupe qui va, avec Filliol, Méténier et Corrèze entre autres, constituer le noyau de la Cagoule. Il ira se mettre à la disposition de Deloncle qui en fera le fer de lance de son organisation. Quels rapports ces gens-là ont-ils avec Mitterrand ? Son condisciple à Saint-Paul d'Angoulême, Bénouville, est très engagé dans le combat nationaliste. Après la défaite de 1940, il dirige le journal niçois *L'Alerte*, véritable repaire de cagoulards puisqu'on y retrouve Gabriel Jeantet et, accessoirement, Claude Roy... François Méténier est également un ami de Mitterrand. Les deux hommes sont inséparables bien que vingt ans les séparent. Mitterrand retrouvera Méténier à Vichy où ce dernier dirige les groupes de protection du Maréchal.

Ces amitiés vont se montrer rapidement précieuses. On sait que l'évasion du sergent de la coloniale fut facilitée par Yves Dautun, ami et bras droit de Doriot dont il animait le journal *L'Émancipation nationale*. À la Libération, Dautun fut sévèrement condamné et Mitterrand s'occupa de sa femme et de ses enfants pendant qu'il croupissait en prison. À l'époque où Dautun collaborait à *L'Émancipation nationale*, il avait parmi ses subordonnés un jeune cagoulard ami de Mitterrand : Gabriel Jeantet.

C'est que la Cagoule est un formidable embrouillamini : elle plaçait vraisemblablement ses pions dans tous les camps pour être assurée de conserver son influence quel que soit le vainqueur. On y trouve ainsi des collaborationnistes (Deloncle, Soulès, Corrèze, Méténier, Schueller, Jeantet), des résistants de Londres (Dewavrin, Beresnikov, Fourcaud, Duclos), des résistants de l'intérieur (Loustaunau-Lacau, Martin, Pozzo di Borgo, Heurteaux). On voit ainsi le cagoulard Groussard fonder les groupes de protection du Maréchal et le réseau de Résistance « Gilbert » ; le cagoulard Lemaigre-Dubreuil, ancien financier du journal de la Cagoule, *L'Insurgé*, soutenir le général Giraud, pendant que le cagoulard Passy-Dewavrin appuie de Gaulle ; le cagoulard Corrèze combattre sur le front de l'Est avant de rentrer en France pour faire de la Résistance ; le cagoulard Deloncle fonder le MSR ultra-collaborationniste avant d'être abattu chez lui par la Gestapo.

Dans ce grouillement, dans ce véritable mouvement brownien d'intérêts, d'alliances, de trahisons, de revirements, la trajectoire en dents de scie, qui fait entrer Mitterrand à Vichy comme jeune fonctionnaire de l'État français avant de le conduire à Londres puis à Alger comme responsable autodésigné d'un mouvement de prisonniers, devient beaucoup plus facile à comprendre.

À Vichy, où il reçoit la francisque, son parrain est Gabriel Jeantet, *alias* Gaby, un des chefs de la Cagoule. À Vichy toujours, il collabore à *France, Revue de l'État nouveau.* Sa signature y voisine avec celle d'un cagoulard célèbre : Alexis Carrel ! Ce qui n'a rien d'étonnant si l'on songe que le rédacteur en chef de cette revue était Gabriel Jeantet.

Prisonnier réputé cagoulard, libéré grâce à la Cagoule, embauché à Vichy avec l'appui des cagoulards, envolé à Londres par les filières de la Cagoule, Mitterrand gagne finalement Alger où il va rencontrer de Gaulle grâce à Dewavrin.

Enfin une anecdote : en 1946, Schueller veut concrétiser ses rêves de pouvoir. Il veut réussir en politique ce qu'il a rêvé en cosmétique : le rêve des corps parfaits. Il finance des jeunes espoirs qu'il lance à l'assaut des circonscriptions. Pour le département de la Nièvre, Mitterrand est son candidat. Voici sa profession de foi : « Suppression des emplois inutiles, blocage du salaire des fonctionnaires, réforme de la sécurité sociale écrasée par la bureaucratie, non au déficit et à l'inflation, non à la gabegie administrative, non aux nationalisations, non au parti communiste au pouvoir. » Ce programme ultralibéral, comme on dirait aujourd'hui, ne pouvait que plaire au vieux patron.

Le complot dit de la Cagoule a été l'expression, sous le Front populaire, de l'opposition irréductible de l'extrême droite activiste au communisme. Il y a eu, en fait, plusieurs complots de la Cagoule, cette dénomination ayant été forgée par la grande presse de l'époque, avide de pittoresque plus que de vérité historique, pour désigner les groupes clandestins créés après la dissolution des ligues et leurs menées factieuses contre le gouvernement Blum, accusé de faire le lit de la révolution soviétique. La première société cagoularde fut l'Union des comités d'action défensive (UCAD), créée par le général Duseigneur, as de l'aviation en 1914-1918, et son ami, le duc Pozzo di Borgo. Prenant pour prétexte la défense des institutions républicaines, ils organisèrent des tournées en province, donnant comme consignes à leurs partisans inquiets du « danger marxiste » : « Créez des comités de quartier, stockez les armes » ; ils provoqueront ainsi l'intervention de la police. En relation étroite avec l'UCAD, on trouve la plus sérieuse des organisations cagoulardes, le Comité secret d'action révolutionnaire (CSAR), dont le noyau dur était formé d'anciens Camelots du roi las de l'attentisme de Maurras. Trois personnalités y dominent : Jean Filliol, bagarreur redoutable et fanatique qui ira jusqu'au meurtre ; le docteur Martin, éternel comploteur ; Eugène Deloncle enfin, polytechnicien à la vocation de condottiere, maître conspirateur, féru d'histoire des sociétés secrètes et d'ésotérisme. Le but du CSAR : renverser la « Gueuse » par « l'action souterraine et une franc-maçonnerie retournée au bénéfice de la nation ». Le moyen : une nébuleuse de sociétés secrètes, cloisonnées, s'ignorant mutuellement. La méthode de recrutement : le parrainage doublé d'un serment prononcé au cours d'un rite symbolique d'initiation. En échange de son dévouement et de sa discrétion, le militant reçoit une garantie de protection. Pour les traîtres, une seule sanction : la mort. L'état-major de la Cagoule est organisé en « bureaux », sur le modèle militaire : le premier revient à Deloncle et à son homme de confiance, Jacques Corrèze. Le docteur Martin est responsable du deuxième : les renseignements et les groupes Z. Georges Cachier, administrateur de sociétés, et Jean Moreau de La Meuse sont respectivement à la tête des troisième et quatrième bureaux (opérations, recrutement et matériel). Leurs seconds les plus efficaces sont François Méténier, commis voyageur du complot, et Joseph Darnand. Deloncle a assimilé les techniques modernes du coup d'État et prépare l'insurrection avec minutie : groupes de combat clandestins équipés d'armes automatiques, conseils tactiques d'officiers sympathisants affiliés aux réseaux Corvignolles animés, au sein de l'armée, par le commandant Loustaunau-Lacau. L'armée joue un rôle essentiel dans le plan d'action du CSAR, dont les groupes de combat disposent de stocks importants d'armes volées dans les magasins de l'armée, dans les usines, ou achetées à l'étranger. Deloncle mise sur une réaction communiste assez dure pour obliger l'armée à intervenir et à prendre le pouvoir avec les nationalistes. Pétain, pressenti, refuse catégoriquement son concours. En 1937, Franchet d'Esperey est choisi. Malgré les précautions prises et les exemples faits, la police pénètre les réseaux des cagoulards. Ses informateurs mis en place, elle attend, en étoffant ses dossiers, le moment que le gouvernement jugera favorable pour intervenir. Le 11 mars 1937, deux bombes détruisent l'immeuble du patronat français et celui de l'Union patronale interprofessionnelle à Paris. On soupçonne les anarchistes italiens émigrés, mais l'arrestation de trafiquants d'armes oriente l'enquête vers la Cagoule. Le 18 novembre, Marx Dormoy, ministre de l'Intérieur, dénonce le vaste complot contre la République. Une vague d'arrestations, opérées dans la France entière, permet d'écrouer 57 comploteurs et de mettre au jour les stocks d'armes. Filliol, Martin et Corrèze échappent à ce coup de filet. Des aveux précis établissent la responsabilité directe de la Cagoule dans les attentats de septembre et le meurtre des frères Rosselli en juin 1937. La guerre et l'Occupation mettent fin aux enquêtes et aux poursuites judiciaires. Les cagoulards, très divisés, font des choix souvent opposés : Deloncle, Corrèze et Schueller fondent un mouvement fasciste, le Mouvement social révolutionnaire (MSR), qui devait fusionner avec le Rassemblement national populaire (RNP) de Marcel Déat. Dewavrin (colonel Passy) et Corvisart rejoignent de Gaulle à Londres ; Loustaunau-Lacau, le docteur Martin, Pozzo di Borgo et Marie-Madeleine

Fourcade participent activement à la Résistance intérieure. Jeantet et Méténier servent le régime de Vichy comme membres du cabinet du maréchal Pétain.

Le procès de la Cagoule a lieu à la Libération. Il fait bien paraître le caractère redoutable du complot de 1937 ; cette machine de guerre contre le régime parlementaire ne manque ni de chefs de valeur ni d'exécutants déterminés. Peu d'organisations d'extrême droite disposèrent d'une mécanique insurrectionnelle aussi élaborée. Elle inaugura un terrorisme contre-révolutionnaire dont la flambée OAS devait constituer un autre exemple.

Jean d'Ormesson écrit dans *Le Rapport Gabriel* que François Mitterrand, lors d'une conversation entre les deux hommes en mai 1995 portant notamment sur l'affaire Bousquet, se préoccupait de « l'influence nocive du lobby juif ». *Le Rapport Gabriel* sort en librairie le 3 septembre 1999. Bien que qualifié de roman, il s'agit plutôt de mémoires, parfois piquants et impudiques. Le matin du 17 mai 1995, François Mitterrand, qui s'apprête à passer les pouvoirs à Jacques Chirac, reçoit Jean d'Ormesson à l'Élysée. Leur conversation porte d'abord sur « la maladie des hommes d'État ». Ensuite, « nous passons à une sorte de revue en forme de jeu de massacre du personnel politique », dit l'écrivain. Il poursuit : « J'évoque l'affaire Bousquet, haut fonctionnaire de Vichy. Beaucoup reprochent au Président les liens qui l'unissent à ce personnage qui a joué un rôle important dans la collaboration avec l'Allemagne hitlérienne. François Mitterrand m'écoute sans irritation apparente. Et il me regarde. "Vous constatez là, me dit-il, l'influence puissante et nocive du lobby juif." Il y a un grand silence. » Jean d'Ormesson explique ensuite pourquoi il a, jusqu'à présent, gardé le secret sur ces propos : « Personne ne m'aurait cru. On m'aurait accusé de partialité ou d'agressivité. On m'aurait demandé des preuves. Je n'en avais aucune. Mieux valait ne rien dire. À tort ou à raison, ajoute-t-il, il me semblait qu'il m'avait moins reçu comme un journaliste d'opposition dont il convient de se méfier que comme un écrivain avec qui il s'entretenait, non seulement au dernier jour mais dans les dernières minutes de son mandat présidentiel, dans une atmosphère (...) de cordialité et de confiance. Tu es idiot ou quoi ? me dirent des amis de gauche. Et suffisant en plus. Il était plus fort que toi. Tout ce qu'il a bien pu te raconter, c'était pour que tu le répètes. »

Cette confidence a aussitôt provoqué la réaction de Mazarine Pingeot, fille de l'ancien président de la République, qui s'en est vivement pris à l'académicien : « Ce soir, le degré d'humanité de l'académicien est bien moyen (...). Subirai-je encore longtemps la diffamation et la haine ? s'est indignée la fille de l'ancien Président dans *Le Monde.* Passent encore les attaques dont mon père fut victime dans son honneur, la douleur devient intolérable lorsqu'il est question de sa dignité. J'ai honte de devoir poser la question, mais a-t-il, une fois seulement, trahi ses engagements envers la communauté juive ou toute autre communauté régulièrement menacée ? » Le Premier ministre Lionel Jospin a de son côté assuré que « dans l'analyse comme dans l'émotion, l'antisémitisme était étranger à François Mitterrand ». Haïm Musicant, directeur du Conseil représentatif des institutions juives de France (CRIF), a estimé que le « bilan » de M. Mitterrand « comporte une zone d'ombre, laquelle s'étend sur son propre rapport aux événements de la Seconde Guerre mondiale. Ses relations avec René Bousquet restent une tache ». Jean Daniel, le directeur du *Nouvel Observateur*, qui a publié le court chapitre du livre de Jean d'Ormesson sur ce petit déjeuner à l'Élysée, écrit pour sa part : « Si l'épisode Bousquet est pour moi inexcusable, il ne fait pas pour autant, à mes yeux, de Mitterrand un ami des collaborateurs des nazis, et moins encore un antisémite. » Ancien conseiller de Mitterrand, Jacques Attali affirme ne pas douter de la réalité du propos rapporté par d'Ormesson : « Cela met en perspective cette distance que j'ai moi-même prise à l'égard de Mitterrand. » Robert Badinter, ancien garde des Sceaux, affirme que Mitterrand avait « plus que de la sympathie » envers les juifs. « Dès qu'il s'agissait d'antisémitisme, il était hors de lui, déclare-t-il. Dans ma vie, j'ai rencontré très, très peu d'êtres humains qui étaient aussi profondément intéressés, aussi profondément sensibles à la culture, à l'histoire et à la tragédie du peuple juif. » Il estime donc que les propos « tout à fait regrettables, déplorables », attribués par Jean d'Ormesson à Mitterrand, s'expliquent « au regard de ses sentiments passionnés d'attachement et d'une sensibilité blessée facilement ». Pour le Prix Nobel de la paix Élie Wiesel, « il n'y a aucune raison de douter » de la parole de Jean d'Ormesson, « la phrase qu'il rapporte correspond au personnage que nous connaissions ». Il ne pense pas que François Mitterrand était antisémite ; cependant, « dès qu'on mentionnait Vichy ou Bousquet, ce n'était plus le même homme », rappelle l'écrivain, qui dit « avec une grande douleur » que c'est l'affaire Bousquet qui a été la cause de la rupture de son amitié avec François Mitterrand.

L'acteur Roger Hanin, beau-frère de François Mitterrand, s'en est, quant à lui, violemment pris à Jean d'Ormesson, contestant que Mitterrand ait pu lui parler d'un « lobby juif ». « Le seuil de vulgarité et d'ignominie est passé, a-t-il affirmé, M. d'Ormesson est un petit homme. Sur le plan de la mesquinerie et de la lâcheté, c'est un géant. (...) Ce qui me rend fou de colère c'est que d'Ormesson dit qu'il n'en a pas parlé avant parce qu'on ne l'aurait pas cru. Maintenant que Mitterrand est mort, on va le croire ? Est-ce qu'il a des preuves ? Un propos, c'est inclus dans un contexte, on ne cite que le mot, évidemment, c'est plus fructueux, ce n'est pas une épithète par hasard que je cite, ça rapportera plus d'argent de parler de François Mitterrand de cette façon-là. Je ne laisse pas passer parce que je suis un Français juif et vis-à-vis de mes coreligionnaires, je ne parle pas du lobby, je parle de la communauté juive (...). Il aimait les juifs et respectait le judaïsme, tout me l'a prouvé. »

Enfin, Jean-Christophe, fils aîné du Président, estime que l'expression « lobby juif » n'a pas de caractère antisémite : « Quand on parle de lobby juif aux États-Unis, est-ce qu'on est antisémite ? (...) Il n'y a rien d'antisémite dans cette phrase et cela ne me surprend pas que mon père ait abordé la question des lobbies juifs. Pourquoi pas ? ils existent. » Le fils de l'ancien Président estime que la politique de son père au Proche-Orient « n'a jamais plu à certains lobbies juifs » qui « soutiennent des partis de droite en Israël, font ensuite, grâce à leur appui, des affaires au niveau international. L'antimitterrandisme est la preuve de leur fidélité », estime-t-il, s'en prenant au passage au quotidien *Le Monde* qui a titré : « Mitterrand et l'antisémitisme » : « *Le Monde* n'est pas seulement un journal, c'est la caisse de résonance de certains mondes. Qui sait, peut-être également d'un certain lobby juif. » Curieux propos d'un homme qui, dans sa jeunesse, s'était rendu dans un kibboutz, avant de s'activer dans l'Angola chère à l'écrivain extrémiste Dominique de Roux.

L'édifice de l'amitié israélo-mitterrandienne a été mis à bas par les révélations sur le passé du Président, lesquelles sont intimement liées à son refus de reconnaître les responsabilités de la France et de la République dans les persécutions de la Seconde Guerre mondiale ayant eu lieu sur le sol français. Mitterrand s'est même laissé aller à un redoutable : « Ils veulent aller jusqu'au bout de leur pouvoir. Ils veulent que la République s'excuse par ma bouche. Ils attendent les excuses de la France. Ce serait de la lâcheté de ma part. Jamais je ne le ferai. » Laure Adler, qui rapporte ce stupéfiant soliloque, bien plus convaincant que les confidences faites à Jean d'Ormesson sur le « lobby », poursuit sur le rappel du décès de François Ier, qui aurait dit sur son lit de mort : « Je leur ferai encore une fois peur avant que de mourir. » Dans le même livre, elle cite encore Mitterrand dénonçant ces « ils » « qui veulent que je dise que la République est responsable de la déportation des juifs. Ils attendent de mon successeur cette parole ». De même, Mitterrand déclare à Élie Wiesel, très conciliant : « Je n'ai pas de compte à rendre à ces gens qui s'érigent en juges on ne sait trop pourquoi. »

Les heurts de Mitterrand avec la communauté juive, qu'il s'agisse de la montée du lepénisme, du dépôt de gerbe à l'île d'Yeu ou de la reconnaissance des crimes français, ne lui ont guère coûté ; il était trop tard. Mais cela explique les révélations sur le passé de Mitterrand comme la guerre des nerfs menées par Serge Klarsfeld lorsque ce dernier déclare avoir forcé la main du Président toujours à propos de la gerbe : « On a monté ça avec mon fils. On a appelé les agences et le coup est parti. » Ce professionnalisme de la provocation et de la manipulation déplaît profondément à l'ancien Président, qui déclare à propos de Klarsfeld : « Quand il est pris par la passion, il dit n'importe quoi. Là, il a perdu la raison. Il n'est même pas venu me voir. » Et Mitterrand, qui n'aime décidément pas qu'on lui « force la main » (Badinter), d'insister : « Cette querelle est ridicule, elle a été menée par des associations très acharnées. »

Mitterrand finira sa vie politique par un vibrant hommage aux patriotes allemands morts pendant la Seconde Guerre mondiale. Le *dibbouk* salue ce jour-là l'Allemagne guerrière et burgonde, le Reich ou bien l'empire...

Pourtant, il y a continuité sur le plan juridique entre Vichy et la IIIe République : les 666 parlementaires encore présents votent les pleins pouvoirs au Maréchal, nommé peu avant ambassadeur en Espagne, et déjà environné de francisques. 666, ce nombre de la Bête immonde plus que celui du code-barres dénoncé par les imbéciles et autres internautes.

Il existe bien d'autres continuités, en particulier celle dont Bernard Courcelle offre l'illustration. L'épisode est lié à la découverte d'un arsenal détourné et sans doute conservé dans le cadre des réseaux secrets *stay behind* (Rose-des-vents, Gladio, Arc-en-ciel) que l'OTAN avait mis en place dès la fin de la Seconde Guerre mondiale pour lutter contre une éventuelle occupation de l'Europe occidentale par l'armée rouge. En France, c'est l'un des compagnons de Mitterrand, François de Grossouvre, qui contribue à l'animation de ces filières anticommunistes très liées aux extrêmes droites. Bernard Courcelle officie au musée d'Orsay, de 1990 à 1994. Il s'occupe surtout de protéger une conservatrice, une certaine Anne Pingeot, qui gagna en notoriété peu avant la mort de François Mitterrand lorsqu'on apprit qu'elle avait été la « deuxième dame » de France tout au long des quatorze ans de règne de l'homme à la rose au poing.

Tout au long de ces années, la protection d'Anne Pingeot et de sa fille Mazarine avait été élevée au rang de première préoccupation de la République, ainsi qu'on finit par l'apprendre à l'occasion des déballages de Jean-Édern Hallier et de l'affaire des écoutes téléphoniques de l'Élysée. Des écoutes à très grande échelle dont la fonction essentielle semble avoir été de protéger le « secret » sur la famille du Président. Cette obsession paranoïaque du monarque pourrait avoir été la vraie raison de la création, dès son accession au trône, d'une superpolice particulière ne relevant que du Président et composée des gendarmes de Christian Prouteau, organisation qui se chargera des fameuses « écoutes de l'Élysée ». Pierre Marion et des officiers républicains avaient refusé de dévoyer les moyens de la DGSE à ces fins privées.

De Mazarine, on finit par savoir qu'elle était pour son père comme la prunelle de ses yeux, incarnant la possibilité de prolonger son œuvre, œuvre dont la princesse républicaine est devenue, sans contestation possible, la principale héritière. Arnaud Viviant, le chroniqueur littéraire des *Inrockuptibles*, la décrit dans *Ego Surf* : « Elle exécute des gestes ésotériques, avec ses mains de princesse républicaine. » Ésotériques ? Soyons donc certains que sa sécurité, comme celle de sa mère, n'a pas été confiée à n'importe qui.

« Peu après ma prise de fonction, un officier de la sécurité de l'Élysée vint me voir et me demanda de faciliter l'entrée de Mazarine Pingeot lorsqu'elle venait rendre visite à sa mère, témoigne Bernard Courcelle. Mon rôle s'est borné à cela. » Il avait précédemment avoué un autre aspect de sa mission : « Je m'occupais de préparer les visites, souvent impromptues, de François Mitterrand à Anne Pingeot. »

De mai 1990 à mai 1994, Bernard Courcelle aura eu la garde du secret le plus protégé de la République, mais il ne cache pas que cette fonction n'était pas bien passionnante. C'était, « pour tout dire, plutôt ennuyeux », reconnaît-il. Pour se distraire, le capitaine Courcelle pratique de curieux passe-temps. En 1992, il se rend en Tchétchénie afin de « réaliser un audit sur la sécurité des ressortissants occidentaux devant participer à un important consortium franco-américain ». À cette occasion, il fait la connaissance du Président tchétchène Djokhar Doudaïev, qu'il rencontrera à quatre reprises durant l'année 1993.

Si l'on s'intéresse tant à Bernard Courcelle aujourd'hui, c'est surtout en raison du fait que, de mai 1994 jusqu'au début 1999, il fut le patron du service d'ordre du... Front national. Sous sa direction, le département protection sécurité (DPS) du FN se professionnalise. C'est peu dire : 3 000 hommes organisés à la fois comme une petite armée et un service de renseignement moderne. Un service de renseignement s'appuyant sur un grand nombre de collaborateurs, puisqu'il pouvait compter au moins sur l'ensemble des adhérents et sympathisants du Front national. Une des particularités du DPS sous Bernard Courcelle semble avoir été son allégeance très forte à Jean-Marie Le Pen. Une blague au Front national disait que DPS pouvait vouloir dire « Dépend du Président Seulement ». Une de ses fonctions principales étant d'ailleurs d'assurer la protection du président du parti extrémiste.

Surprenant parcours de cet agent hautement spécialisé passant du jour au lendemain de la protection du président de la République socialiste à celle du président du Front national.

Bernard Courcelle raconte que c'est le commissaire Charles Pellegrini, un ancien de la cellule élyséenne, qui, en 1994, l'a présenté à Jean-Marie Le Pen. Il faut croire que Jean-Marie Le Pen avait de bonnes raisons pour embaucher Bernard Courcelle, cet employé direct de François Mitterrand qui lui était présenté par un autre « homme du Président », le commissaire Pellegrini. Il faut aussi supposer que François Mitterrand, de son côté, ne craignait pas de voir sa propre sécurité, ni celle de sa compagne, ni celle de sa fille, entre les mains du Front national.

On savait que François Mitterrand avait relancé la carrière de Jean-Marie Le Pen, en 1982, en lui ouvrant les portes des plateaux de télévision, offrant à l'extrême droite une importance qu'elle n'avait plus connue depuis l'origine de la Ve République, sinon depuis la Seconde Guerre mondiale. À ce sujet, on crédite, à juste titre, François Mitterrand d'un génial machiavélisme. Suscitant une extrême droite, il faisait d'une pierre deux coups : il divisait la droite en même temps qu'il se mettait en position de rempart contre le fascisme. Brillante manœuvre, somme toute.

N'est-il pas moins légitime de faire le rapprochement entre cette subtilité tactique au bénéfice de l'extrême droite et la profondeur de la culture d'extrême droite que François Mitterrand avait acquise dans sa jeunesse ? Surtout lorsque l'on découvre des liens organiques aussi étroits entre le vieux Président socialiste et le parti d'extrême droite, douze ans après la mise sur orbite de Le Pen.

Pour Michel Sitbon, Jean-Marie Le Pen eut bien raison de faire confiance à François Mitterrand pour l'inspirer dans le choix de son chef de service d'ordre. Courcelle parvint à accomplir une œuvre prodigieuse. En très peu de temps, il réussit à mettre sur pied une organisation remarquable. Tellement remarquable qu'elle a fini par susciter un certain intérêt de la presse, ce qui aboutit, grâce à l'insistance du réseau Voltaire, à la création d'une commission d'enquête parlementaire à son sujet, en 1999.

Comment le Front national aurait-il pu monter une petite armée moderne, avec son matériel, ses camps d'entraînement et ses structures de commandement secrètes, sans que l'État ne s'en inquiète ? Une telle carence des services de sécurité est franchement étonnante. À moins que les structures de commandement d'une organisation potentiellement aussi dangereuse n'aient pas été si secrètes pour l'État, particulièrement pour son chef que cela ne semblait pas préoccuper.

Quel sens pouvait avoir, en 1994, pour François Mitterrand, de renforcer à ce point son alliance avec l'extrême droite au moment où il prenait des risques considérables en politique étrangère, particulièrement en Afrique, avec l'attentat contre Juvénal Habyarimana qui déclencha le génocide rwandais ? Hypothèse : Mitterrand se couvrait. Au cas où le scandale éclate dans des proportions telles qu'il puisse être déstabilisé, le chef de l'État aurait disposé d'une garde prétorienne.

Ce type de démarche évoque un précédent, celui de la Cagoule. Cela n'était probablement pas sans signification pour Mitterrand, puisqu'il se préoccupa avant de mourir de confier à Pierre Péan une biographie sur cette période trouble de sa jeunesse. Une biographie qui fit scandale, mais dont la principale caractéristique est qu'elle gomme toute référence à la Cagoule.

Malgré le caractère vertigineux de ce rapprochement comme de bien des aspects de ce dossier, par-delà la mort de François Mitterrand, il semble utile de garder à l'esprit qu'en plus d'une page pour le moins rocambolesque de l'histoire contemporaine, cette affaire permet de mettre au jour certaines activités méconnues de l'État, la puissance des moyens rassemblés et la façon dont ceux-ci ont pu être employés.

Après tout Mitterrand n'a pas été seul de son espèce. Le grand-père maternel de Giscard appartint au Conseil national de l'État français et son père reçut la francisque. Et la femme la plus riche de France, Liliane Bettencourt, fille du financier de la Cagoule, aujourd'hui réfugiée en Suisse est l'épouse d'un ami du *dibbouk* Mitterrand, et il y a tellement de cas dont on ne parle pas et qui montrent que les collaborateurs ou leur progéniture s'en sortent plutôt bien. Tous n'avaient peut-être pas les fichiers de Bousquet, qui permirent de mettre en place les réseaux anticommunistes ; tous n'avaient peut-être pas le talent de Robert Hersant, mais il est comique de penser que le scénario français est en tout point conforme à la pièce de Sartre *Les Mouches* : ce sont les coupables ou leurs héritiers qui culpabilisent le peuple pour mieux le tenir. Les meurtriers d'Agamemnon, Égisthe et Clytemnestre, font supporter au peuple le fruit de leur forfait, d'une manière perverse et rituelle.

Alors, parfois, se lèvent d'étranges justiciers, ainsi ce Didier qui va assassiner Bousquet au moment où se profile son procès dont Mitterrand ne voulait pas. Devant les caméras, Christian Didier, dans le jargon métaphysique qui est le sien, invoque les forces de lumière et le Grand Architecte. Il prétend avoir « écrasé un serpent », « une bête malfaisante », comme un chevalier de la Table ronde (ou burgonde). Il dit : « Je croyais qu'en tuant Bousquet je tuerais le mal qui est en moi. Mais il n'a fait que grandir, il a poussé. Comme une fleur en enfer. J'aurais pu dire que j'étais fou, on m'aurait interné pour délire mystique. » Pas de délire mystique ? Pourtant, Didier se croit vengeur chrétien du peuple juif. Dieu lui parle : « J'étais en dévotion, en phase avec un grand ordre intelligible supérieur ». Des heures, il s'isole sur une colline pour prier le soleil jusqu'à en perdre un œil.

Le grand ordre intelligible supérieur ? Un écrivain américain d'espionnage en aurait fait ses choux gras. Un candidat mandchourien à l'assassinat ? Ou un esprit faible manipulé habilement ? Il se reconnaît hanté de « voix intérieures », ce petit homme-labyrinthe. « C'est alors que s'est opérée la transformation. Je marchais en forêt. » Dieu lui ordonne de tuer le mal. « Et le symbole du mal, c'était René Bousquet. » Dieu ? Une entité du monde subtil, du monde intermédiaire, celui qui ne parle ni au corps ni à l'esprit, mais à notre univers onirique. Didier poursuit sur sa lancée : « En prison, je suis revenu à la religion de mon enfance. Je ne sais pas si cela durera ou si je ne retournerai pas à un ordre intelligible supérieur. »

Guy Debord évoquait ces assassinats compliqués, ces conspirations embrouillées aujourd'hui comme jamais, sur fond de consultation d'experts et de psy en tout genre ; et dont la mission paraît bien être de masquer la véracité des faits et des actes de Dieu...

Alors, les doubles funérailles sont-elles l'illustration d'une double entité ? Une entité présente à Paris, à la cathédrale, une autre présente à Jarnac ? Et le drapeau républicain sur le cercueil qui se soulève à Jarnac sans le moindre souffle, est-ce le *dibbouk* qui n'en voulait pas ?

6.

Les nouvelles conspirations de l'ère des lumières

Mitterrand instaurant le 10 mai 1981 le passage des ténèbres à la lumière, ces lumières ne concernaient pas que la France. Mitterrand se veut le bâtisseur de l'Europe. Est-ce un vestige de l'entité impériale après laquelle il court ou bien le commencement d'une vision, d'un paradigme nouveau ? De même Mitterrand, écartelé entre l'idée européenne et l'Atlantique, met-il en place avec quelques autres chefs d'État les prémisses d'un Nouvel Ordre mondial, d'un gouvernement universel droit héritier des Lumières et des illuminés de toutes les époques ?

Cette nouvelle donne, ce *New Deal* politique ne vient pas tout seul, sorti comme on semble le croire du cerveau de quelques technocrates et hommes politiques ; il suit de près l'émergence d'un nouveau paradigme, qui entend rompre avec toutes les habitudes culturelles antérieures. C'est l'ère du Verseau ou le *New Age*, souvent victimes de gloses très hostiles, mais qui définissent de nouveaux paramètres philosophiques touchant à tous les domaines de la connaissance humaine et de l'organisation des sociétés.

Mitterrand croyait aux forces de l'esprit ; il croyait sans aucun doute à la réincarnation (« réincarnation ou accès à un autre niveau... qui mourra verra ! », écrit-il). Ces croyances d'un temps magique rompent avec le canevas chrétien. Sur le plan politique, il a mis fin, dans une certaine mesure, aux vertiges de l'État-nation incarné par un Jean-Pierre Chevènement et l'école souverainiste. Il rêvait d'une fraternité universelle. En même temps, il a lutté contre les injustices dont étaient victimes les femmes, les homosexuels, les immigrés. En cela il incarnait les vertus du *New Age*, fondées sur la tolérance, l'autonomie citoyenne, la fluidité et le mouvement ; sur une foi curieuse qui mêle le passé le plus ancien et les acquis les plus récents de la modernité. Il est, en ce sens, une incarnation de la mentalité rétrofuturiste et holistique contemporaine. En 1975, une déclaration aux Nations unies insistait sur « les crises de notre époque qui mettent les religions en demeure de libérer une nouvelle forme spirituelle qui transcenderait les limites religieuses, culturelles, nationales, vers une nouvelle conscience de l'unité de la communauté humaine, et se traduirait ainsi par une dynamique spirituelle dirigée vers une conscience planétaire ».

Le candidat socialiste à la mairie de Paris, Bertrand Delanoë – le bien nommé –, proposait aux électeurs de changer d'ère. La Kabbale phonétique joue un rôle ; au Paris bourgeois et bonapartiste, gaulliste et bloqué, ne veut-on pas, dans les réseaux de la conspiration, substituer une nouvelle ère, une ère du Verseau, plus festive et coulante, plus libérée et initiée ? Une arche Delanoë en lieu et place de la « barque d'Isis » chargée du gaullisme ? La gauche mitterrandienne a soutenu la cause des femmes. La parité, de même, joue en faveur des femmes qui sont – sur fond d'adoration de la déesse Gaia ou de la déesse Diana... – à la pointe du combat de l'ère du Verseau. Les femmes représentent la plus grande force de renouveau politique d'une civilisation déséquilibrée, selon les prophètes de l'ère du Verseau. Tout comme le remplacement de la notion de religion par celle de spiritualité dans les textes européens : au-delà d'une dénonciation du christianisme, ces textes obéissent tout simplement à la doctrine du Nouvel Âge telle qu'elle a été énoncée par Marilyn Ferguson voici déjà vingt ans, insistant sur le passage de la notion de religion à celle de spiritualité. Modification essentielle : car si la religion a divisé les groupes ethniques et culturels, la spiritualité va réunir tous ces hommes détachés de leurs traditions et débarrassés des structures mentales inférieures. Et la spiritualité les rend ainsi aptes à saisir un message universel susceptible d'amener un système politique et spirituel universel.

La mort de Mitterrand a servi durant quelque temps de catalyseur, tout comme les derniers mois de sa vie : une sorte d'initiation de masse par l'image, qui rappelait à nos contemporains le rôle de l'esprit, la dimension magique de la monarchie et de la mort – mort et transfiguration – et le bond intellectuel qu'il convenait de faire dans le même temps. Et pendant que l'État-nation implosait, tout comme la famille, l'entreprise locale, la vieille culture décrétée franchouillarde, les forces du réseau de lumière – comme se baptisent les adeptes – se mettaient en place pour appeler une nouvelle organisation de la vie humaine sur cette planète meurtrie par l'industrialisation de l'ère bourgeoise, que Mitterrand méprisait tant.

La décentralisation, elle aussi, est un phénomène lié au Nouvel Âge, que les ignorants croient relégué aux oubliettes, alors qu'il domine complètement notre époque, du Tribunal international de La Haye à la lutte contre les intégrismes religieux, des vagues migratoires à la virtualisation de l'économie, de la mode bouddhiste à l'auto-apprentissage pratiqué aujourd'hui par tout le monde. Et Mitterrand, soigné par lui-même – comme un adepte de la nouvelle spiritualité – et par un Beljanski, est au cœur de l'explosion du vieux paradigme. « Le pouvoir de décentralisation émane de ce courant de nouvelles images, idées et énergies qui irrigue l'ensemble du corps politique, écrit Ferguson. Les concentrations de pouvoir sont aussi antinaturelles et mortelles qu'un caillot de sang ou une ligne électrique non isolée. »

L'ère du Verseau est une vieille lune de l'ésotérisme contemporain, décrite par Paul Le Cour dès les années 20. C'est une ère de paix et de communication, de féminité et d'harmonie. Elle est liée dans les Tarots à la Tempérance qui apporte la joie et l'espérance, réconforte, assouplit les contacts, établit des relations plus harmonieuses ; elle correspond au signe du Verseau, à la planète Uranus. Enfin, elle est liée aux lieux de communication et de voyages et correspond dans le corps à tout le système fluidique (artères, veines, lymphe) et énergétique. La planète Uranus a été découverte en 1848. Elle est contemporaine de la révolution, très initiatique, de 1848 qui voit des sociétés secrètes, féministes, néognostiques inspirer les révolutionnaires apparents.

L'âge du Verseau, signe astrologique des États-Unis, répond donc à une vieille attente, celle de réorganiser spirituellement le monde sur des bases non chrétiennes ou parfois anticatholiques. La gnose révolutionnaire a été véhiculée en France par Hugo, Michelet, Lamartine et tous les inspirateurs républicains de Mitterrand. Car si son *dibbouk* aimait les littérateurs de droite au XXe siècle, son âme républicaine célébrait les gnostiques révolutionnaires du XIXe.

« Dans une perception spirituelle du monde, comprendre c'est regarder la face intérieure des choses et se mouvoir dans la sphère de la Conscience qui s'élargit sans cesse », écrit George Trevelyan, un des initiateurs du *New Age*. À mesure que la conscience individuelle s'éveille, elle se découvre parcelle de la conscience cosmique. Mitterrand n'a cessé de se mettre en relation avec l'univers, l'espace, les lieux, les animaux mêmes : chiens, ânes ou abeilles. Dans ce cadre, les enfants du Verseau découvrent qu'ils ne sont pas seuls. Un vaste réseau de soutien étend partout son maillage, au sein duquel on peut aussi bien partager son expérience que faire la fête ou communier.

Le réseau *high-tech* et *New Age* permet l'élargissement de la communauté humaine, sur fond de valeurs douces et féminines. On espère ainsi que naîtra, comme par contagion, une conscience planétaire appuyée sur le réseau de tous les centres qui, dans le monde, partagent la même intuition. Le moyen privilégié de créer le *Network of Light*, le réseau de lumière, est l'union de la magie et de la science. La technognose sert ce propos global en assurant une interdépendance mystérieuse entre les cosmos spirituel et matériel et entre tous les individus, invités à se réaliser dans la grande vibration cosmique. Ce fouriérisme électronique passe ainsi par la construction d'un monde un, interconnecté, et qui s'exprime par le langage du symbole et la loi de l'analogie.

Voyons un aspect plus politique. Le *New Age* n'est pas seulement une secte, il divulgue une gnose, un savoir plus ou moins ésotérique réservé à des initiés. Diffusé par contagion, ce savoir assurera le salut et rendra vaine la foi ancienne.

Les corps intermédiaires, à commencer par la nation et la famille, sont appelés à être dissous au profit d'un projet mondialiste ou holiste ceinturant la planète. Les individus seront insensiblement disposés à trouver leur sécurité dans un leader ou un directoire, requérant, au nom d'un savoir supérieur, une soumission acceptable. Les récentes discussions et conférences internationales, dont celles de Rio de Janeiro (1992), du Caire (1994), de Copenhague, de Pékin (1995) et d'Istanbul (1996), ont permis de constater l'influence profonde de ces thèmes dans l'establishment technocratique mondial. L'écologie favorise ce rapprochement entre les hommes.

Pour la première fois dans l'histoire, l'humanité

a accès à la compréhension de la manière dont les transformations se produisent. Le paradigme de la conspiration du Verseau nous voit comme les héritiers des richesses de l'évolution, capables d'imagination, d'invention et d'expériences que nous n'avons encore qu'entr'aperçues. Ces thèmes sont présents dans l'œuvre politique de Mitterrand : « Les socialistes pensent que le système capitaliste est à l'origine du mal, que la loi suprême du profit a pour conséquence naturelle d'éliminer l'aspiration individuelle ou collective vers des valeurs telles que la beauté, la fête, l'amour, le dialogue, que la volonté de la classe dirigeante s'obstine à raboter, l'imagination, la diversité, le savoir, et davantage encore l'exigence de responsabilité, cette pointe de diamant d'une société civilisée. » Ce discours festif et libertaire, sentimental et rigoureux, s'est imposé aujourd'hui à toutes les classes de la société. Paris est devenue la ville tendance où l'on ne s'ennuie jamais. L'électorat de la Nouvelle Ère de la... Noé est constitué de bobos, bourgeois-bohèmes, et de lilis, libéraux-libertaires qui n'existaient pas jadis. Ces classes ont été fabriquées par la société post-industrielle.

Il y a plus. Le discours mitterrandien correspond à ce que Ferguson appelle le centre radical, qui transcende les divisions droite-gauche et se veut à la fois *cool* dans ses attitudes et ferme dans ses intentions révolutionnaires. Le centre radical fait la synthèse des anciennes et des nouvelles valeurs. Tel Mitterrand, il balaie tout le spectre politique traditionnel, de la droite à la gauche dures. Et cela explique que les politiciens du centre radical (radical au sens de racine) sont facilement incompris et vulnérables aux attaques, quelles que soient leurs réalisations ; car ils n'ont pas de positions bien arrêtées. La haute tolérance qu'ils montrent envers l'ambiguïté et leur volonté de pouvoir toujours changer leurs propres façons de voir les exposent aux accusations d'arbitraire, d'inconséquence, d'hésitation et même d'hypocrisie. Pour Ferguson, « les premiers politiciens qui iront à tâtons vers le centre radical peuvent échouer ou n'avoir qu'un effet réduit, comme les scientifiques qui ont fait des découvertes prématurées, mais ce n'est qu'un début ». Mitterrand politicien prématuré ?

La Renaissance et surtout la Réforme ont vu l'homme affirmer pour la première fois son indépendance. Le *New Age* est l'étape suivante de cette évolution ; il entend consommer la rupture déjà amorcée par la Réforme vis-à-vis du paradigme ancien, celui de l'âge du Poisson, autrement dit le christianisme. Le *New Age* proclame donc la totale indépendance de l'homme. À vrai dire, cet homme-là est un surhomme qui, par des méthodes et des techniques appropriées, va explorer les ressources jusqu'ici insoupçonnées de son corps, de son psychisme, de l'univers lui-même.

Désenclavé de l'ancien paradigme, libéré de Dieu et de l'oppression de l'Église, désaliéné en somme, l'homme peut enfin maîtriser sa vie et sa mort, et exercer son pouvoir sur le tout. Il peut et doit se transcender... D'où l'intérêt porté au cerveau, ses hémisphères gauche et droit, ses virtualités restées cachées, ses pouvoirs latents qu'il faut libérer. La croyance en la réincarnation, en une vie ultérieure ôte toute importance aux formes de violence ponctuant l'existence actuelle. Dans cette vision panthéiste, le monde entier est pénétré d'une énergie universelle qui rappelle le *pneuma* des stoïciens. Chaque individu est divin.

La conspiration du Verseau est une forme différente de révolution, avec des révolutionnaires d'un nouveau style. Elle vise le retournement de conscience d'un nombre critique d'individus, suffisant pour provoquer un renouveau dans la société. Un puissant réseau, pourtant dépourvu de dirigeants, est en train de produire un changement radical aux États-Unis. Ses membres se sont débarrassés de certains éléments clés de la pensée occidentale ; ils pourraient même avoir rompu la continuité de l'Histoire. Ce réseau, c'est la conspiration du Verseau. Il s'agit d'une conspiration sans doctrine politique, sans manifeste. Plus étendue qu'une réforme, plus profonde qu'une révolution, cette douce conspiration pour un nouveau programme de l'homme a déclenché le réalignement culturel le plus rapide de l'Histoire.

Le « règne » de Mitterrand a correspondu aux crises des syndicats, des partis politiques – pas plus coupables de corruption que jadis –, à la crise des corps constitués et à l'émergence de nouvelles formes décentralisées de contestation ou de proposition. Des groupes d'individus auto-organisés constituent les unités d'action. Il s'agit de réseaux flexibles, malléables, dont chacun est le centre. Ils s'autogénèrent, s'auto-organisent et même s'autodétruisent. Ils ont la nature d'un processus, d'un parcours, non celle d'une structure figée. Les réseaux – que l'on pense aux coordinations d'infirmières hier, aux mouvements lycéens, aux confédérations paysannes aujourd'hui – sont des matrices d'exploration personnelle et d'action de groupe, d'autonomie et de relation. Ils correspondent à la génération Mitterrand.

La minorité influencera les gens, non par simples arguments rationnels, mais par des changements de cœur. L'unité d'action sera le réseau, c'est-à-dire un outil pour l'étape suivante de l'évolution humaine : amplifié par les communications électroniques, libéré des vieilles contraintes de la famille et de la culture, le réseau est l'antidote de l'aliénation. Il engendre suffisamment de pouvoir pour refaire la société. Il offre à l'individu un soutien affectif, intellectuel, spirituel et économique. C'est un lieu d'accueil invisible, un moyen puissant de modifier le fonctionnement des institutions, en particulier le gouvernement. Les réseaux de Mitterrand ont suffisamment été étudiés et dénoncés pour faire l'objet de notre attention. Dans le cadre rétrofuturiste mitterrandien, un Gilles Martinet évoquait un système clanique et féodal, preuve que la modernité et l'archaïsme font décidément bon ménage.

Ces réseaux sont pour ainsi dire insaisissables et cependant partout présents, partout actifs, pénétrant le cœur des individus, les milieux les plus divers, les institutions, les religions elles-mêmes. On bat le rappel des sociétés initiatiques et des sectes, dont les membres sont invités à s'incorporer au réseau. Il semble même que quelqu'un puisse se trouver inséré dans un réseau sans avoir claire conscience de la situation où il se trouve ni des influences auxquelles il est soumis. Alors que les bureaucraties sont fragiles et vulnérables, le réseau est malléable comme le cerveau, où de nouvelles régions peuvent remplacer les cellules endommagées ; dans un réseau, de nombreuses personnes peuvent assumer la fonction des autres. Un réseau est une source de pouvoir encore jamais exploitée dans l'Histoire : de multiples mouvements sociaux reliés en vue d'un ensemble d'objectifs dont la réalisation devrait transformer tous les aspects de la vie contemporaine. Les réseaux adoptent souvent les mêmes positions sans se concerter, simplement parce qu'ils partagent les mêmes hypothèses. En fait, c'est ce fonds commun qui fait leur unité.

En effet, la conspiration du Verseau est un maillage de nombreux réseaux dont la vocation est la transformation sociale. Son centre est partout et, bien que divers mouvements sociaux et groupes d'aide mutuelle y soient représentés, son existence ne dépend d'aucun d'eux. Elle ne peut pas se tarir car elle est une manifestation du changement chez les gens. Le changement... grand slogan de mai 1981. Simplement, il n'était pas crypto- ou archéo-marxiste ; ce changement était plus *cool* et en fait plus radical.

Il faut rapprocher cette thématique de l'Amérique. Une grande, une majeure partie des penseurs et savants cités par les auteurs *New Age* sont français et, bien sûr, très proches de Mitterrand et du parti socialiste. On pense aux Abellio, Schwartzenberg, Rosnay, Laborit, mais également Teilhard – remis au goût du jour par la noosphère du Net – et Tocqueville, rentré en grâce au début des années 80 en France. On ne s'étonnera donc pas de voir que ce nouveau paradigme conduise à la réinterprétation du messianisme nord-américain. On comprend mieux l'histoire américaine si on voit celle-ci comme un mouvement millénariste fondé sur une vision spirituelle du changement : la croyance fondamentale que la liberté et la responsabilité mèneront non seulement l'individu, mais le monde, à la perfection. Ce sens d'un but collectif et sacré qui a parfois conduit à des agressions dans le passé s'est métamorphosé en un sens de l'unité mystique de l'humanité et du pouvoir vital d'harmonie entre les êtres humains et la nature. Unité du peuple de gauche au soir du 10 mai ou de la mort de Mitterrand...

Le *New Age* se présente donc comme l'héritier des grands révolutionnaires nord-américains qui appartenaient à une tradition de fraternité mystique (rosicrucienne, maçonnique et hermétique). Ce sens de la fraternité et de l'affranchissement spirituel joua un rôle important dans l'ardeur des révolutionnaires et leur engagement à réaliser une démocratie.

Nous sommes ici confrontés à une nouvelle gnose, à un savoir supérieur se transmettant par osmose à des initiés. Le nouveau paradigme est le fer de lance d'un projet sans précédent de colonisation mentale. Avec le *New Age* et ses réseaux, nous entrons dans une guerre totale sans précédent, où dominent les armes psychologiques et où toutes les ressources de la politique, du droit, des sciences biomédicales, des disciplines les plus diverses sont concentrées sur la même cible.

Mitterrand s'est fait soigner comme un pharaon. Magie et médecine étaient étroitement mêlées dans l'Égypte ancienne : on convoquait médecins et magiciens, ainsi que leurs dieux, pour guérir les malades d'une manière holistique.

Marie de Hennezel a fasciné Mitterrand parce qu'elle organisait des travaux d'approche, des séminaires sur la mort. Marie de Hennezel, issue d'une vieille famille catholique et aristocratique, conjugue un sourire d'ange et l'aura médiatique d'une nouvelle Isis, initiatrice des mystères du passage vers l'après-vie dont elle aime porter le « bâton de vie » de la croix égyptienne en pendentif. Elle-même proche des morts depuis sa tendre enfance aimait « déposer tous les soirs mon petit bouquet de fleurs des champs sur la pierre grise usée par le temps » de la sépulture d'un jeune prêtre mort à 25 ans. Mitterrand croyait à une force opératoire de la prière et il insista plusieurs fois, notamment auprès d'Élie Wiesel, sur la communion des saints et le caractère synergétique et efficient de la prière collective en présence spirituelle de saints. « Le Président se dit sensible à cette idée qu'on ne peut pas compter seulement sur ses propres forces et qu'on a besoin de prières, de cette communion invisible avec ceux qui élèvent leurs pensées vers quelque chose de plus haut », rapporte Wiesel. Or, la communion des saints repose *nolens volens* sur un credo éminemment réincarnationniste.

Hennezel appartenait à un groupe de prières préparatoires à la mort qui fleurissent en ce moment en marge des Églises traditionnelles. Elle est passée dans le groupe d'invitation à la vie (IVI) qui comprenait sept mille membres, dominés par Yvonne Trubert, adepte de la guérison spirituelle par imposition des mains, vénérée par ses disciples comme la réincarnation du Saint-Esprit, avec laquelle elle a pris ensuite prudemment ses distances. Aujourd'hui, Marie de Hennezel se dit proche du bouddhisme, fréquente la communauté chrétienne de Taizé (Mitterrand fréquentait frère Roger) et relit les stoïciens. On pense à Marc Aurèle, empereur philosophe comme Mitterrand fut un monarque philosophe, accoutumé à l'idée de la mort.

Le groupe IVI auquel appartenait l'ancienne ministre socialiste Georgina Dufoix se déclare plus ou moins chrétien et croit à la réincarnation. 40 % des Français, selon des sondages, croient eux aussi en la réincarnation, soit plus que de gens qui croient à l'enfer ou au paradis. La France n'est plus chrétienne, il est temps de se l'avouer, mais la France comme le monde guette un XXIe siècle qui sera religieux ou ne sera peut-être pas, pour évoquer la prophétie d'André Malraux. Dès lors, toutes les tactiques sont bonnes pour s'accommoder les grâces du ciel ou d'on ne sait trop quoi après la vie.

Hennezel parle d'une présence particulière de Mitterrand. Le grand homme avait une aura, une dimension supérieure, laquelle est réservée aux seuls êtres d'élite. Arpenteur du macabre, empereur de la mort, Mitterrand a suivi un stage préparatoire à la mort dans le service de Hennezel à l'hôpital de Villejuif. Séjour au milieu de morts où, comme Énée dans l'*Énéide*, un rameau d'or à la main, notre homme est descendu pour s'assurer qu'il serait prêt le jour dit à l'heure dite. Il admire les mourants de Villejuif : « Quel était le secret de leur sérénité ? Où puisaient-ils la force de leurs regards ? Chaque visage a marqué ma mémoire de son empreinte comme le visage même de l'éternité. »

Inversement, pour accéder au bureau de Mitterrand, Hennezel évoquait un vestibule, « lieu de passage qui dégage tant de douceur et de paix ». Pour elle, notre ancien Président est à « l'image des sages et des mystiques de notre temps, pensant tous les jours à leur propre mort et gardant fidèlement en mémoire le souvenir de ceux qu'ils ont connus et aimés ».

Elle a parlé avec lui de « ces heures qui ne meurent pas et où l'on pressent ce que peut être l'éternité ». Car il faut, selon l'ange de la mort, psychopompe des temps modernes agnostiques, « accomplir avec les malades cette tâche initiatique qui consiste à s'engager totalement dans l'accompagnement d'un passage ». Mitterrand explique : « On ne peut pas être croyant et être serein devant la mort, se préparer à la mort comme à un voyage vers l'inconnu. Après tout, l'inconnu n'est-il pas aussi un Au-delà ? » Hennezel évoque une malade bouddhiste qui refusait les antalgiques et « fabriquait des endomorphines en répétant le son "Om"... Certaines infirmières allaient même accompagner cette femme, en chantant avec elle ces voyelles sacrées : "Aoum" ». Hennezel incarne la nouvelle donne de la santé, une donne holistique qui réunit le corps, la psyché et l'esprit. Triade qui rime, selon Ferguson, avec le slogan Liberté, Égalité, Fraternité. Mitterrand était condamné en 1981 ; il a duré dix ans de plus que ce que le docteur Steg lui avait accordé ; parce qu'il a mis en pratique la nouvelle donne médicale, celle qui fait appel à l'esprit. Il a considéré les professionnels médicaux comme des partenaires thérapeutiques, son corps comme un système dynamique, un champ d'énergie, il a illustré l'effet placebo et a privilégié le qualitatif sur le quantitatif. Il a eu une vision de sa maladie.

On a évoqué la spiritualité à la carte, le supermarché des fois et des religions, ne serait-il pas plus juste et plus bienveillant de souligner le caractère universel et initiatique de cette nouvelle forme de foi encouragée par l'ancien chef de l'État ? Tout le progrès humain est lié à des illuminés, des initiés qui, on le sait, favorisent l'élévation du niveau moyen. Cela induit la croyance en des formes d'intelligence non humaines.

D'où un autre paradigme propre au *New Age* : les Ovnis. Mitterrand note, à la date du 19 février 1972 : « J'apprends ainsi qu'à Scotland Yard, siège fameux de la police londonienne, de nombreuses personnes, inquiètes du phénomène, ont signalé, pendant la dernière grève des mineurs et des électriciens, la présence dans le ciel nocturne d'objets étranges et brillants. Un porte-parole officiel a dû rassurer la population. "N'appelez plus, a-t-il dit, ce sont les étoiles"... » Notre ancien Président, lui, n'est pas dupe du démenti, aussi note-t-il : « Je m'interroge pour conclure. Pour apprendre que le ciel est rempli d'étoiles, suffit-il d'éteindre les lumières de la ville ? »

Dans un texte à la tonalité encore plus étrange, Mitterrand, mué en astronome de l'invisible, « regarde le baudrier d'Orient dont le signe familier me ramène toujours à la croix de Touvent, ce petit triangle de terre qui ne figure sur aucune carte de l'Angoumois et d'où je prenais, enfant, la mesure de l'infini ». La méditation sous le ciel étoilé est ici étonnamment rassurante. François Mitterrand est face à un cosmos ordonné (le baudrier, le triangle) ; pour lui pas question du « silence éternel des espaces infinis » qui effrayait tant Pascal. Pour autant, il n'est pas au bout de ses surprises : « Mon frère Robert m'apprend précisément qu'une météorite d'environ une tonne, la plus grosse que l'on eût découverte en Europe au cours de ce siècle, est tombée près de notre maison d'autrefois. Nous rêvons de ce visiteur de l'espace qui fut étoile, un instant, et que rien ne distingue plus du paysage qui inspira Jacques Chardonne. » Le météore venu des étoiles et de l'infini devient élément du paysage, lequel devient lui-même source d'inspiration pour un écrivain proche de Mitterrand. Ici nous pouvons évoquer les notions de pierres de foudre présentes aussi bien dans les récits de la Genèse, lorsque Jacob croise le Beth-El, la Maison de Dieu, que dans la tradition grecque (l'*Omphalos* de Delphes ou centre de gravité), habité par les puissances ouraniennes, les divinités célestes.

Plusieurs individus se sont dits inspirés par de soi-disant esprits de l'au-delà qui leur auraient révélé que la haute hiérarchie céleste s'apprête à faire son apparition sur terre afin d'y établir le Nouvel Âge de paix et de prospérité tant attendu par la plupart des gens. D'après ces « contactés », la Fraternité cosmique fera son apparition lors d'une quasi-invasion d'une flotte de vaisseaux spatiaux venant apparemment du cosmos pour y imposer un Nouvel Ordre mondial. Rennes-le-Château et sa région sont d'ailleurs renommés selon Jean Robin pour leurs apparitions ufologiques.

Mitterrand le dit : « Pour un ensemble de complexes raisons, les présidents américains se sont toujours plus intéressés que leurs homologues français aux phénomènes ufologiques... » Or, il se trouve que George Bush a évoqué avec lui ce problème en Martinique et en Floride au tout début des années 90, avant que ne commence le phénomène *X-Files*, qui en a donné une maigre justification rationaliste. Ils se sont rencontrés à l'habitation Clément en Martinique, du nom d'un vieux distillateur de rhum.

Que dit la notice qui décrit ce jardin ? « Il présente plus de trois cents espèces végétales, bien étiquetées par de petites planchettes, et l'on peut trouver des arbres et des plantes tropicales typiques des Antilles mais aussi d'autres origines. On rêve quelques instants de posséder dans son propre petit jardin l'un de ces magnifiques palmiers royaux, ou peut-être bien un de ces figuiers maudits bien étranges. »

Des figuiers maudits, à l'ombre desquels on invoque des esprits... Le symbolisme de cet arbre a aussi une origine alchimique : pour Fulcanelli, un figuier indique la substance minérale d'où les philosophes tirent les éléments de la renaissance miraculeuse du Phénix. Il est aussi le symbole de la Vierge mère qui porte l'Enfant, et l'emblème alchimique de la substance passive.

Au-delà des polémiques sur les figuiers, le fait que l'on évoque le Nouvel Ordre mondial en même temps que l'on invoque les entités extraterrestres est fondamental.

Ces fissures de la muraille rationaliste, cette montée des croyances au surnaturel, sont illustrées par la troublante fascination des maîtres du monde pour l'astrologie. De Boris Eltsine à François Mitterrand, en passant par Juan Carlos, les grands leaders politiques ont presque tous eu recours aux services d'astrologues ou de voyantes. Les plus puissants, les plus cartésiens ne prennent aucune décision sans scruter la configuration des planètes : Mitterrand a consulté Élizabeth Teissier au sujet de la guerre du Golfe et du référendum de Maastricht, et l'astrologue Maurice Vasset, *alias* Regulus, aurait conseillé de Gaulle, de 1944 à 1969. En sortant d'une séance, les élus croisent, dans les escaliers, des hommes d'affaires, des écrivains, des artistes venus, comme eux, consulter en douce. Spectacle, finance, médias, entreprises, personne ne résiste à ces gourous des temps modernes, même si peu avouent y succomber.

Le caractère parfaitement irrationnel de l'astrologie ne semble pas faire reculer la confiance d'une proportion impressionnante de la population, même la plus éduquée. De tout temps, des chefs d'État ont consulté des astrologues. Tibère avait ses astrologues à Capri. Deux millénaires plus tard, Ronald Reagan consulte les siens en Californie. Traumatisée par la tentative d'assassinat contre son mari en 1981, Nancy Reagan fut la première à introduire officiellement les astrologues à la Maison-Blanche. Leur mission : établir l'agenda présidentiel. De Nixon à Hassan II, de Vincent Auriol à Antoine Pinay, sans compter nombre de parlementaires, le monde politique continue à recourir aux services de la prédiction populaire. Mais les grands de ce monde ne se vantent pas de leurs fréquentations astrologiques. L'homme public doit paraître maître de son destin. On ne compte plus les parlementaires et les ministres qui mélangent allègrement sondages, statistiques et thème astral. « Mon devoir de réserve m'empêche de donner des noms, assure l'astrologue André Barbault, mais c'est vrai que les périodes électorales sont plutôt fastes. »

« Comment je vais, moi, et comment va la France ? » demandait François Mitterrand à son astrologue attitrée, Élizabeth Teissier. Le Scorpion de l'Élysée fut-il influencé, un peu, beaucoup, ou pas du tout par la jeune femme ? « Il me consultait comme il consultait Attali ou un autre expert, simplement pour avoir les cartes en main », raconte-t-elle.

Depuis qu'on croit moins en Dieu, on ne supporte plus le hasard. Dans une société de plus en plus individualiste, la responsabilité – le devoir d'être soi, comme disent les gourous de l'ego – est parfois lourde à porter. L'astrologie médiatique, apparue dans les années 30 en France, au moment de *La Guerre des mondes*, de la menace extraterrestre et de la montée des périls, est plus répandue chez les cadres moyens et supérieurs que parmi les agriculteurs et les ouvriers et chez les gens ayant fait des études secondaires ou même supérieures. L'astrologie fascine par son apparence complexe, pseudo-rigoureuse, scientifique, qui tranche avec les méthodes populaires de divination.

Malgré les démonstrations des scientifiques, malgré leurs erreurs de prédiction, les marchands de bonheur ont repris la place privilégiée qu'ils occupaient jadis. L'astrologie, telle que nous la connaissons aujourd'hui, est née chez les Chaldéens, en Mésopotamie, il y a deux mille cinq cents ans : la position des astres influence, selon eux, le destin des rois et des nations. Entre le XIIe et le XVIe siècle, les plus grands princes s'attachent des astrologues comme conseillers. La reine Catherine de Médicis a toujours avec elle trois astrologues, dont Nostradamus. Einstein disait trouver en l'astrologie une science en soi, illuminatrice. Il y voyait même une espèce d'élixir de vie pour l'humanité.

C'est Abellio, ami commun du Président et de Teissier, qui cita cette phrase évangélique : « Éprouvez tout, et retenez ce qui est bon. » Mitterrand était lecteur de Spengler, qui avait une théorie cyclique – et donc astrologique – des civilisations. Spengler avait prophétisé l'émergence d'une civilisation nomade dont Attali s'est fait l'illustrateur. Preuve supplémentaire du caractère double de Mitterrand : un enracinement terrien et un universalisme hérité des Lumières et des épopées utopistes. La vision panthéiste et tellurique du Président se reflète dans cette science, jadis sacrée, et l'on a vu qu'il lui a rendu maints hommages par ses constructions au Palais-Royal et à l'Arche, prophétisant de grands avènements et un nouvel âge d'or.

Car le cas Mitterrand n'est pas isolé. Des factions laisseraient croire qu'il fut un demi-fou, un monarque fasciné par son ego vide et blafard. Or, il y a une montée du mysticisme planétaire. Les Mongols célèbrent le retour de Gengis Khan, leur Grand Monarque qui fonda un ordre mondial eurasiatique de l'Atlantique à l'Oural. Les Chinois s'agitent, les Israéliens baptisent Sharon le Roi, comme s'ils voyaient en lui une préfiguration messianique. Bush Junior célèbre Jésus dans son dernier livre, et les *Newagers* de tendance bouddhiste guettent l'arrivée du Maitreya. Cette agitation est bien sûr dénoncée par les intégristes de tous bords, les conspirationnistes, qui y voient l'arrivée de Lucifer.

La fascination des Français pour Mitterrand reflète l'émergence de cette nouvelle spiritualité. Car la mémoire religieuse, transmise en héritage de génération en génération, se fait de plus en plus ténue. Mais le déclin des religions traditionnelles ne signifie pas pour autant la fin des croyances.

Si les uns font preuve d'une cohérence athée indiscutable, les autres présentent une sensibilité religieuse plus ou moins marquée. Quand on se penche sur la tranche d'âge des 18-24 ans, dans la catégorie des « sans religion », l'analyse devient encore plus complexe. Une majorité de jeunes déclare en effet « croire vaguement en quelque chose après la mort ». On assiste donc à une dissociation surprenante entre la croyance en Dieu (qui ne cesse de diminuer depuis 1968) et la croyance en un au-delà diffus, habité par une force surnaturelle indéterminée, qui, elle, est en augmentation. Une attitude qui va de pair avec l'intérêt croissant, depuis le début des années 90, pour la réincarnation : 31 % des jeunes y croient. Laquelle est allègrement confondue avec l'idée (chrétienne) de résurrection.

Deux traits caractérisent ce déclin des religions traditionnelles. D'une part, il s'effectue sans bruit ni passion. Avec un désintérêt tranquille, qui marque une rupture par rapport à un passé récent. Autrefois, quand on se disait incroyant, on s'affirmait athée et souvent antireligieux. Ce n'est plus de mise. Relativisme ou indifférence font que l'anticléricalisme est bel et bien passé de mode. D'autre part, cette désaffection atteint, de manière diverse, non seulement le christianisme, mais l'ensemble des religions et confessions, dans toutes les sociétés développées. Comme si la modernité chassait inéluctablement les grandes religions traditionnelles.

Le processus de désenchantement du monde mis en lumière par Max Weber, qui s'est traduit depuis plusieurs siècles par une sécularisation de la société, est un mouvement extrêmement long. Sur un plan intellectuel, Descartes a joué un rôle capital en tentant d'émanciper la philosophie de la théologie, c'est-à-dire de rendre la raison autonome par rapport à la foi, ce qui favorisera, notamment, le développement de la science moderne. Et Descartes était rose-croix.

D'autres grands tournants vont imprimer leur marque : le XVIIIe siècle, celui des Lumières, qui place sa foi dans l'idéologie du progrès, la Révolution française, bien sûr, puis le XIXe siècle avec ses « maîtres du soupçon », tandis que la religion chrétienne continue de perdre son emprise sur la société. Nos contemporains refusent les dogmes. Et ce rejet est manifeste dans toutes les sociétés de type européen. Dès qu'un pays entre dans la modernité, il y a distanciation de sa population à l'égard des vérités énoncées. Autrement dit, le phénomène auquel on assiste à présent n'est pas seulement une crise de la religion, mais une crise concernant tous les systèmes d'orthodoxie et leur crédibilité.

Les Français se sont donc retrouvés face à un vide. Ils en ont pris conscience tardivement, dans un contexte où tout concourait à accroître leur sentiment d'incertitude : la crise économique, Maastricht, la mondialisation, la multiplication des divorces et l'éclatement des familles... Ils se sont aperçus qu'ils étaient enfin libres, délivrés du carcan des institutions et du conformisme religieux, mais aussi démunis de points de repère établis et dépossédés de la maîtrise de leur destin. Nous sommes entrés dans l'ère de la dérégulation du marché des biens du salut. L'Église catholique a perdu la situation de monopole écrasant qu'elle détenait autrefois, elle ne contrôle plus grand-chose puisqu'il n'y a plus d'appareil ecclésiastique. Fleurissent du coup toutes sortes de phénomènes qui marquent un regain rebelle du religieux. Une multiplication des hérésies qui toutes entrent dans le cadre de la spiritualité du *New Age*. On passe ainsi du transfert d'une religion médiatisée par les autorités à une spiritualité – comme celle qu'a vécue Mitterrand – fondée sur l'expérience directe.

L'un sélectionnera ainsi la réincarnation, le deuxième choisira de croire aux anges (valeur à la hausse), le troisième rejettera l'enfer (notion presque totalement dévalorisée, remplacée par des damnations estimées plus crédibles, telles que l'Holocauste, une guerre nucléaire ou encore un désastre écologique). La télépathie, les rêves prémonitoires et l'astrologie trouvent également leur place dans ce nouveau faisceau religieux, car les croyances parallèles se mêlent de plus en plus aux croyances chrétiennes, chez les jeunes surtout, y compris parmi les pratiquants.

Allégés, sinon débarrassés, de la notion encombrante de culpabilité, les individus évoluent dans une forme de syncrétisme (mais il faut rappeler que chaque religion comporte une part de syncrétisme) dont nul ne sait à quoi il aboutira.

Ce n'est pas un hasard si, dans ce contexte, le

New Age continue de remporter un succès grandissant en France, mais sous des formes très diverses. Ce mouvement, apparu dans les années 60 en Californie, intègre pêle-mêle des symboles et des éléments de croyance empruntés aux religions traditionnelles pour bricoler une sorte de religion de l'homme débarrassée de tout dogme. Expression ultime de l'individualisme contemporain, le *New Age* se compose de cercles d'adhésion plus ou moins larges. Il garde un noyau dur très idéologisé, mais se dilue au-delà, n'offrant plus, dans certains cas, que des thérapies hétérodoxes.

Cela dit, les idées *New Age* touchent de plus en plus de Français, bien souvent à leur insu. Les partisans de cette spiritualité syncrétiste font valoir qu'elle ne présente aucun danger social, qu'elle est fondamentalement tolérante, humaniste et que, pour toutes ces raisons, elle pourrait constituer la religion du troisième millénaire. Ses détracteurs estiment au contraire qu'il s'agit d'une spiritualité au rabais, sans exigence réelle, qui se nourrit de la déliquescence des religions traditionnelles, tout en flattant les penchants hédonistes de chacun.

Distinct du *New Age*, mais relevant par certains aspects du même phénomène, le bouddhisme connaît également une véritable vogue. Cette « sagesse de vie » venue d'Orient ne rassemble que quelques dizaines de milliers de pratiquants purs et durs dans l'Hexagone, mais ils sont au moins deux millions à se déclarer proches de la philosophie bouddhiste. C'est la religion moderne par excellence : individualiste, non dogmatique, éthique, reliant le corps et l'esprit. Le bouddhisme a toutes les chances de se développer en Occident car il ne propose pas un salut provenant d'un dieu extérieur, mais une méthode pragmatique pour se libérer de la souffrance et atteindre le bonheur en ce monde.

La proximité de Danielle Mitterrand avec certains mouvements religieux vilipendés par les médias comme la scientologie reflète aussi l'avènement du *New Age*. Les Kurdes Yezidis récemment débarqués en France pour d'ésotériques raisons adorent un dieu serpent et ils croient en la métempsycose. Le Dalaï-Lama ou le docteur Kato sont aussi proches de la quête spirituelle de la famille Mitterrand.

Les manifestations politiques de ce Nouvel Âge, où l'on est invité à penser globalement, comme disent les ONG, et à agir localement, tendent à passer outre à une création périlleuse, celle de l'État-nation, responsable des guerres européennes et mondiales, puis des guerres post-coloniales dans les pays du tiers-monde. Mitterrand l'enraciné aura paradoxalement été l'homme de la fin de l'État-nation français, aussi bien sur la question corse, que sur l'Europe ou le mondialisme.

Mitterrand a vécu dans un siècle où le capitalisme, pour reprendre l'expression de Malraux, n'était plus l'expression d'une volonté de puissance, mais d'une volonté d'organisation. Cette volonté d'organisation, on la retrouve à l'œuvre dès les années 30 un peu partout dans le monde, que ce soit sous la forme du *New Deal*, du stalinisme ou même des fascismes. Telle est en tout cas la thèse demeurée fameuse de James Burnham qui publie en 1940 *L'Ère des organisateurs* ; le texte est traduit en français en 1947 et, élément intéressant, préfacé par Léon Blum. À la même époque en France se met en place, au moins dans les esprits, la fameuse synarchie dont l'un des apôtres est le polytechnicien Jean Coutrot. C'est la nécessité, là encore, d'une organisation plus harmonieuse, plus solidaire de la société, qui est proposée dans son modèle, sans que soit remise en cause nommément la propriété privée. C'est ce message social de réconciliation nationale qui nous semble proche de celui de Mitterrand, héritage en cela de l'utopie des philosophes.

« Tout commence en mai 1981... L'espérance s'appelait alors socialisme. Idéal conçu dans la Cité de Platon, théorisé dans l'*Utopie* de Thomas More en 1516, celle de Campanella en 1560, celle de Morelly en 1755, le mot n'apparaît qu'en 1822 dans une lettre d'un certain Edward Oppen à l'utopiste anglais Robert Owen, créateur des “cités idéales” et tenant de la conception coopérative. » La référence à l'utopie de la Renaissance est logique sous la plume d'Attali, et oublie de citer la seule utopie qui ait réussi pour l'instant : celle de Bacon, la *Nova Atlantis*, décrivant un monde sophistiqué dominé par un collège de savants, de techniciens et d'ingénieurs...

Les programmes des Lumières et des humanistes étaient similaires, mais ce qui était jadis l'apanage d'une élite vite qualifiée de factieuse s'avère de plus en plus la réalité vécue par presque tous nos contemporains. Les questions climatiques, économiques, politiques, militaires, démographiques concernent toute l'humanité aujourd'hui. L'horreur des guerres civiles montre un peu partout que l'État-nation, comme le corps pour les pythagoriciens, est une prison et qu'il faut donc s'en débarrasser si l'on ne veut pas assister à de nouvelles tragédies.

Il y a eu différents rêves, souvent meurtriers, d'unification. Le rêve d'Alexandre le Grand, celui de Gengis Khan, celui des grandes religions ; celui de Napoléon, de Hitler et d'autres sinistres personnages. Mais il y a une grande différence entre ces rêves et celui entretenu par Bush et Mitterrand au pied de leur figuier magique : il s'agit maintenant d'une volonté générale, planétaire, qui fait fi d'une particularité que l'on voudrait imposer à autrui. C'est un rêve universel, pas un rêve grec, mongol ou allemand, qui va réussir. C'est un rêve messianique conforme aux prédictions d'Isaïe.

La mondialisation est en cours de réalisation sous les effets conjugués de l'informatique, des échanges économiques, démographiques et culturels. Comme le cheval emballé de Job, elle dévore l'espace et tente d'unifier par la consommation les populations d'un globe rétréci. Elle est sûre de l'emporter puisque même ses adversaires de gauche sont partisans depuis toujours de l'internationalisme et de la destruction des frontières, causes de tant de guerres. On trouve la vraie source de la mondialisation dans Isaïe ; le Prophète, lorsqu'il décrit la splendeur de Jérusalem, s'exclame en effet :

> « ... *les nations marcheront à ta lumière*
> *Et les rois à ta clarté naissante...*
> *Les richesses de la mer afflueront vers toi,*
> *Et les trésors des nations viendront chez toi* » (60, 4-5).

C'est ainsi que Jérusalem « sucera le lait des nations, les richesses des rois » (60, 16). Elle sera un empire sur lequel « le soleil ne se couchera plus » (60, 20).

Elle sera un empire universel, mobile et fraternel où « des étrangers se présenteront pour paître vos troupeaux, des immigrants seront vos laboureurs et vos vignerons » (61, 5).

C'est évidemment l'Amérique, terre des puritains commerçants, qui, selon John Adams, se présente comme la « république pure et vertueuse qui a pour destin de gouverner le globe et d'y introduire la perfection de l'homme ». Elle a pour mission d'unifier la communauté internationale et de punir sévèrement les États qui ne respectent pas suffisamment les droits de l'homme et du consommateur.

La mondialisation que nous vivons actuellement n'est certes pas la bonne ; elle est dure, marchande, puritaine. Mais elle prépare la bonne, celle qui répondra aux enseignements de la nouvelle ère, et sera par conséquent humaine et conviviale, morale et subtile.

George Bush a pourtant, dans cette visée, des antécédents discutables : il est membre de la Trilatérale, du Bidelberg, de tout un tas d'organisations qui ne préparaient – d'une manière, paradoxalement, marxiste – que la mondialisation marchande, la mondialisation du fric et de la camelote. Il est d'autre part membre de la société (plus très) secrète des Skull and Bones. Créée en 1834 à Yale par William Huntington Russell, elle regroupait les membres de l'élite WASP sur des critères sociaux, raciaux et sportifs. Elle promeut la domination anglo-saxonne. Ses rites sont empruntés à la franc-maçonnerie allemande (d'où une fâcheuse réputation) et elle sélectionne ses membres par des épreuves physiques très dures. On sait que la Table Ronde de Cecil Rhodes poursuivait les mêmes objectifs : un condominium anglo-américain, virtuellement achevé aujourd'hui, puisque les Anglo-Saxons ont imposé leur *Weltanschauung*, leurs privatisations, leurs marchandises et leurs cultures au reste du monde. Et surtout leurs valeurs.

On ne voit pas Mitterrand se fourvoyer dans une telle impasse, servir de valet à l'*imperium* anglo-américain. Ni les Européens ni le reste du monde. Par ailleurs ce condominium est fragile ; il a cessé d'être raciste, il est aujourd'hui pluriel et multiculturel ; il défend la démocratie, il ne soutient plus les dictatures anticommunistes comme autrefois. Le gouvernement mondial répond à la volonté humaniste d'hommes comme H.G. Wells ou Bertrand Russell, à toute une lignée initiatique d'Illuminés qui, depuis les Templiers, les humanistes, ou les Illuminés de Bavière même, ont voulu rendre possible une renaissance commune du monde civilisé. Il se trouve qu'aujourd'hui ces deux lignées se touchent ; et c'est ce qui explique pourquoi Mitterrand a refusé en 1983 de couper la France du reste du monde en cultivant un modèle national et local qui aurait fait long feu. Les propos de Bush ou de Gorbatchev correspondaient à sa vision impériale du monde à venir.

Le 11 septembre 1990, le président Bush nomme la guerre du Golfe une « opportunité pour le Nouvel Ordre mondial » ; il évoque une période historique de coopération, un ordre dans lequel les nations du Nord et du Sud, de l'Est et de l'Ouest, peuvent prospérer et vivre en harmonie.

Le 25 septembre, le ministre soviétique des Affaires étrangères, Edouard Chevardnadze, décrit l'agression irakienne comme une attaque visant à empêcher la nouvelle collectivité des nations d'émerger.

Le 1er octobre le discours du président Bush est encore plus éloquent. Il insiste sur la force collective de la communauté mondiale, un nouveau partenariat des nations, mais surtout sur une époque au cours de laquelle l'humanité peut promouvoir une révolution de l'esprit et de l'âme, entamant un voyage vers un Nouvel Âge...

Toute la phraséologie des *Newagers* est ici présente, qui ne pouvait que convenir à Mitterrand – que Bush consultait fréquemment sur ces questions. Au cours de son message sur l'état de l'Union, Bush reprend ces thèmes illuministes : les aspirations universelles de l'homme, « l'illumination d'un millier de points de lumière » *(sic)*, les vents du changement qui sont en nous. Il parlera même plus tard d'une revitalisation des Nations unies.

La guerre du Golfe permet de mettre fin à la souveraineté des États-nations ; la notion de guerre du droit a triomphé, et Mitterrand a imposé les droits de l'homme qui faisaient que l'on se moquait de sa politique extérieure en 1981. Gorbatchev avait parlé, de même, d'une nouvelle ère (changer d'ère ?...), d'un nouvel âge, destiné à se débarrasser des fantômes des vieux schémas de pensée.

Cette politique du changement reflète les modifications du paradigme. Clinton a poursuivi dans cette voie. Lui et sa femme sont inspirés par le rabbin Michael Lerner, gourou du *New Age*, partisan d'une nouvelle donne féminine du monde, comme Marilyn Ferguson. Sa revue, que l'on peut aisément consulter sur le Net, s'appelle *Tikkun*, la « réparation » en hébreu. Plus exactement, le processus par lequel l'ordre idéal est rétabli. Il est bien sûr favorable à une solution humaine et pacifique au Proche-Orient. Mais ce sont les restes des États-nations, les *qlipot* pourrait-on dire, qui risquent de compromettre à court terme les aspirations à une humanité nouvelle. Hillary Clinton à la Maison-Blanche a fréquenté également la psychologue Jean Houston et l'anthropologue Mary Catherine Bateson. Une de ses enseignantes fut Anna Freud.

Ces efforts ont été précédés par des prédictions, comme celle de la prêtresse Alice Bailey. Dans son livre publié en 1932, *L'Externalisation de la hiérarchie*, elle expliquait que le monde devrait être unifié régionalement avant de l'être globalement. Le retard pris du fait des guerres et du communisme est en passe d'être rattrapé. Bailey annonçait aussi parallèlement la restauration d'une grande religion inspirée des Anciens Mystères, l'avènement d'un monarque en haillons, le va-nu-pieds de l'absolu, qui viendrait d'Égypte...

Alors, le règne de l'Esprit, promis par Joachim de Flore à la fin du XIIIe siècle, pourrait advenir, ce communisme sacerdotal et internationaliste dont Mitterrand rêvait au pied des cataractes.

Alice Bailey ajoutait : « Au cours du prochain siècle, nous commencerons à entrevoir le sens du mot “résurrection”, et l'ère nouvelle commencera à nous révéler son sens caché et ses buts profonds. En premier lieu, l'humanité. Il émergera de cette civilisation morte, de ses vieux préjugés et de ses conceptions périmées ; ayant renoncé à la poursuite de ses buts matérialistes et à son égoïsme destructeur, l'humanité avancera rayonnante dans la claire Lumière de la Résurrection. »

Et il vaut mieux. Car Albert Einstein a également dit : « Notre monde est menacé par une crise dont l'ampleur semble échapper à ceux qui ont le pouvoir de prendre de grandes décisions pour le bien ou pour le mal. La puissance déchaînée de l'homme a tout changé, sauf nos modes de pensée, et nous glissons vers une catastrophe sans précédent. Une nouvelle façon de penser est essentielle si l'humanité veut vivre. Détourner cette menace est le problème le plus urgent de notre temps. »

7.

Le retour du monarque

La pierre de Scone a été ramenée en Écosse, ou du moins sa copie. Elle fut la pierre sur laquelle Jacob rêva de son échelle.

L'affaire Louis XVII continue d'exaspérer l'inconscient collectif français et de révéler combien les frontières entre la république et la monarchie sont, pour reprendre Mitterrand, poreuses.

Des rois sont attendus, en Orient, en Chine, et même en Mongolie des empereurs. Et c'est le même roi.

Nous avons eu, nous, pays régicide, un roi présent comme personne, qui a bravé tous les interdits – corruption, doubles familles, confusion de la sphère publique et privée – issus des démocraties bourgeoises et puritaines ; et un roi qui a pu agir en tout impunité. C'est bon signe... mais c'est signe de quoi ? Et qu'est-ce que la monarchie après tout ?

La Ve République s'est imposée comme une monarchie républicaine. Aux rois fainéants, présidents-croupions de la IIIe et surtout de la IVe République ont succédé de vrais monarques chargés d'une force charismatique. Gérard Colé remarque : « Dieu recevait de 30 000 à 40 000 personnes des ondes de ferveur concentrées. Il semblait avoir rajeuni d'une génération. » Régime non présidentiel, à l'opposé des États-Unis d'Amérique, la Ve République a redoré le blason de la politique en introduisant une charge symbolique très forte, que Mitterrand et, avant lui, de Gaulle ont portée à son paroxysme. Remarquons d'ailleurs que les États-Unis s'orientent eux aussi vers une présidence de type monarchique et même héréditaire : W. a bien succédé à son père, et il l'eût fait sans doute plus tôt sans la parenthèse clintonienne, elle-même due à la candidature sinistre de Perot, l'homme des sectes et des milices américaines.

Sous la IIIe République, la présidence avait eu un but initial précis : la restauration de la monarchie après l'épisode napoléonien qui avait dégénéré à Sedan. Thiers puis Mac-Mahon étaient des monarchistes, le premier orléaniste, le deuxième légitimiste. Ce n'est que l'accident historique du comte de Chambord, réclamant à cor et à cri le rétablissement du drapeau blanc d'Henri IV, qui mit fin à ce beau rêve. À l'époque, les masses paysannes, majoritaires, voient toujours d'un bon œil la monarchie. Nul ne sait les raisons véritables du geste de Chambord : Bloy l'impute à la connaissance qu'aurait eue le comte de l'existence du vrai roi, de Louis XVII, et de sa succession ; tant il est vrai que cela fait plusieurs siècles que la France court après son roi ; mais quel roi ? La plupart des écrivains du XIXe siècle, les catholiques mais aussi les illuminés comme Nerval ou Gautier, ont vécu de l'attente de ce roi, de ce retour du roi.

De Gaulle, au-delà de ses relations avec le comte de Paris, avait une vision sacrée de sa mission et de la France phare des nations. Si Mitterrand l'a un temps accusé de fomenter un coup d'État permanent, c'était par référence au bonapartisme et à Napoléon III (*alias* Badinguet), favori de Philippe Séguin et père des deux tares de la France moderne : un caporalisme soviétiforme mâtiné de xénophobie et un affairisme à tous crins. De Gaulle avait déjà été accusé de rétablir la monarchie ; on se souvient des diatribes amusées de Ribaud dans *Le Canard enchaîné*. Lui-même manipulait des symboles forts, très forts même, à l'image de son clerc-obscur Malraux. Mais qu'en disait Mitterrand, par-delà la polémique du coup d'État ? Ces lignes sont extraites de *La Paille et le Grain* : « De Gaulle parlait le langage qui porte à rêver... Cette imagination souveraine, je ne peux oublier qu'elle a fait hésiter l'Histoire, qu'elle a plié sous sa loi de rudes réalités et qu'elle demeure l'une des données de notre vie nationale. » De Gaulle disait que l'intendance suivrait ; comme Maurras et comme Mitterrand, il disait « politique d'abord ». Dans ce pays littéraire, inflexible quand il s'agit d'idées, il y toujours une prime au manieur de symboles plus qu'au panégyriste du labourage et du pâturage. D'ailleurs, disait son ancien attaché de presse Gérard Colé à propos de Mitterrand, « cet homme voyait au travers de tous ».

Mais ce n'est pas tout, Mitterrand écrit encore : « De Gaulle existait. Ses actes le créaient, et la conviction qu'il avait d'être la France, d'exprimer sa vérité, d'incarner le moment d'un destin éternel, qui plus est immuable, m'émouvait plus qu'elle ne m'irritait. » Le premier secrétaire du parti socialiste, alors officiellement marxiste, persiste et signe : « La patrie était un sol mystique, dessiné par la main de Dieu et habité par un peuple de laboureurs et de soldats (...). Cette fois, le héros c'était lui. Son tempérament et son éducation le portaient à ramener les événements à l'aventure personnelle d'un petit nombre d'élus, choisis pour agir, parler, décider au nom de tous. » Mitterrand insiste souvent sur le fait qu'il incarne la France, qu'il l'aime d'un point de vue charnel ; il laisse à de Gaulle l'amour mystique de la patrie. C'est ici un clivage important, que Bernard-Henri Lévy a remarqué dans *L'Idéologie française* : les pétainistes aiment une France réelle, les gaullistes une France irréelle, virtuelle, prophétique. L'approche de Mitterrand est terrienne, gauloise si l'on voudra, l'approche gaullienne est aérienne ; les deux définitions du terme France se complètent, car elles ne peuvent tout bonnement s'exclure. Il y a, en même temps, l'appel du 18 juin et le don physique du Maréchal à sa patrie. Cette dichotomie profonde explique pourquoi Vichy est un passé qui ne passe pas, puisque le régime criminel a maudit, au moins à court terme, la France physique. Les Français ne s'en remettent pas ; diaboliser un régime d'accord, mais une terre que l'on adore depuis des millénaires ? Encore que les nappes vichy de la méridienne verte aient, le 14 Juillet 2000, réconcilié le peuple patriote avec le mot...

Du fond du camp de prisonniers, Mitterrand a entendu la voix de De Gaulle : « À Schaala, la voix du général de Gaulle nous était parvenue. Vieille patrie, vieille aventure, vieil avenir. Cette voix annonçait le printemps avec un amour neuf... Je n'eus pas de peine à comprendre que ce qu'elle me disait à moi comme aux autres était aussi simple que le miel, le lait et le pain. »

Au mysticisme gaullien, à cette télé-France, cette France aimée et célébrée à distance – à Londres, au Québec ou ailleurs –, Mitterrand répond donc en ces termes : « L'âme de la France, je la vis. J'ai une conscience instinctive, profonde de la France... Là ont poussé mes racines. L'âme de la France, inutile de la chercher : elle m'habite. » C'est cette dimension profondément enracinée et céleste, jointe à ce ton lyrique, épique et à ce refus du matérialisme et de l'ordre bourgeois modernes, qui unit les deux hommes, dont on ne sait s'ils furent des écrivains qui firent de la politique ou des politiques qui firent de la littérature. On pourra attribuer au plus ancien une parenté psychologique avec Chateaubriand (jusque dans l'orgueil démesuré et l'ampleur des périodes), au second une parenté avec Lamartine. Dans les deux cas, on a affaire aux derniers des politiques d'envergure du XIXe siècle, plutôt qu'à des précurseurs de l'an 2000. Ce n'est pas leur faire insulte, à voir ce que l'an 2000 nous a concocté sur le plan politicien et technocratique.

On a évoqué Mitterrand et Pétain. Enfant de Pétain puis fils de pub, figure décidément rétrofuturiste, Mitterrand a su manier l'archétype, l'inconscient collectif français, autant que la magie moderne, la publicité avec le publicitaire au nom cathare Séguéla... Mais il reste, il est fondamentalement demeuré un enfant de Pétain. Ces lignes de Georges-Marc Benamou rendent quelque part justice au vieux Maréchal collabo, témoin de toutes les invasions, de toutes les détresses de ce pays régulièrement envahi : « Pétain, ce côté vieux chêne accroché à sa terre, qui a vu passer à ses pieds tant de siècles, d'invasions et de peuples qu'il a tout cédé, tout accepté. Pétain si courbé pour survivre qu'il est devenu indifférent à tout. Pétain et l'indolence gauloise. »

Courbé, le fier Sicambre ? Convaincu de l'éternelle défaite française ; c'est Paul-Marie Coûteaux, député souverainiste européen, qui avouait que, selon lui, Mitterrand était un défaitiste convaincu de la défaite finale de la France et qu'en conséquence il était prêt à toutes les constructions, ou déconstructions, européennes pour limiter le pouvoir à venir de la nation allemande.

Le *dibbouk* gaulois se réveille parfois, aux dires de son témoin. « Mais le monarque cerné s'était refermé sur lui-même..., poursuit en effet Benamou. Il redevenait, dans ces moments-là, ce chef gaulois que je n'aimais pas beaucoup. » Car dans sa chronologie des chefs d'État français, Mitterrand, l'homme du milieu des terres, n'oublie pas Pétain. En s'accrochant à Pétain, Mitterrand célèbre une continuité du pouvoir : pourtant, il a refusé de reconnaître les responsabilités de la France. Reconnaissant Pétain, il aurait dû reconnaître ses crimes mais son *dibbouk* s'y opposait. D'où le risque pour lui de demeurer dans l'histoire de la France l'homme de Vichy qui a réussi à tromper son monde ; nous avons vu qu'il n'était pas le seul dans ce cas. Comme dit Benamou, « de lui, il ne resterait que des ombres, les âmes meurtries des suicidés, le fantôme d'une année 1942, l'errance de la gauche, des affaires ténébreuses, un vent de soufre et de trahison, une légende noire ».

La notion de continuité du pouvoir est éminemment royale. « Mitterrand, ce n'est pas un président, c'est l'icône de tous ses prédécesseurs qui parle de la France et d'une longue guerre. Il est le dernier d'entre eux, il est un peu de chacun, rien d'un seul en tout. Tous en lui, dans un corps unique » (Benamou). Gérard Colé remarque, lui, que Mitterrand évoquait le bouclier de Clovis, dont il ne fallait pas descendre...

Comme l'a rappelé Kantorowicz dans *Les Deux Corps du Roi*, rien n'interrompait jamais la continuité dynastique, pas même la mort. Clameur : « Le roi est mort, vive le roi. » La thèse de Kantorowicz n'est pas une fable symbolique. Elle a pris corps devant nous et c'est ce qui a fasciné les Français, bouleversés par ce personnage. « Mitterrand est le dernier de la lignée, fils de tous les autres. Un corps, un simple corps où flottent les âmes de ses prédécesseurs, qui tous vivent en lui, à travers lui. » Le dernier Mitterrand, dernier des rois d'oubli, ou premier d'un roi à venir ? Benamou rêve à sa manière : « J'imagine des rendez-vous secrets, comme une fréquentation clandestine, des colloques inconnus de nous, où, courbés sous le vent, tous les vieux chefs gaulois s'affairent autour du dernier, chacun voulant lui transmettre un peu de ses peurs, de ses rages, de sa lourde sagesse. Ennemis devant l'Histoire, ils doivent se réconcilier là-bas. Quand un règne s'éteint, quand le dernier roi s'apprête à les rejoindre, ils doivent avoir pour lui des attentions et des fraternités qui nous échappent. » À la communion des saints succède la communion des souverains.

Et pas seulement. Jean-Louis Bianco a rappelé que Mitterrand croit aux esprits et aux fantômes, qu'il cherche à établir un contact avec eux : « J'habite dans une région tourmentée. Je vis dans une petite maison des Alpes-de-Haute-Provence habitée autrefois par une vieille dame. Ma femme voit de temps en temps cette dame se promener dans les chambres. Je me moque d'elle et de ses superstitions. Mitterrand, à chaque fois qu'il vient nous rendre visite, demande le plus sérieusement du monde à mon épouse des nouvelles de la vieille dame. » Il n'y a pas d'un côté les vivants, de l'autre côté les morts. Tracer des frontières n'intéresse pas François Mitterrand.

Le fait que le vieux Président ait eu des chroniqueurs, comme les rois ont eu leur Joinville ou leurs historiographes, montre en tout cas que le monarque avait pris possession de son esprit de républicain. Lorsqu'il avait appelé, dans *Globe*, à voter pour Mitterrand, Benamou en avait fait un républicain ; moins de dix ans plus tard il n'hésitait plus à en faire un monarque. Que s'était-il donc passé ?

Il s'est pourtant passé quelque chose dès le 10 mai 1981, et peut-être même avant : Mauroy dénonçait alors le social-monarchisme du premier secrétaire du parti socialiste. Mais le 10 mai... Voici ce qui se passe selon Séguéla : « À 19 heures, il change de visage. Soudain, il ne se tenait plus de la même façon. Il avait mis son menton en avant. » Séguéla lui avait en effet donné des conseils en posturologie ou en dentition (limer les dents effrayantes d'un futur vampire) ; mais de là à trouver un autre homme... Il l'avait invité à accepter de devenir la star en qui chacun s'identifie et qui s'identifie à tous. Un être immortel en somme. Mais ce langage magico-mercantile n'est pas neutre : on le sait grâce à l'auteur de *Techgnosis*, Erik Davis, la publicité c'est la magie opérative d'aujourd'hui. C'est celle qui manipule les gens, les contraint à acheter et les transforme une fois qu'ils ont acquis produits, services, fonctions. C'est la sorcellerie à l'échelon industriel. Mais c'est toujours la bonne vieille sorcellerie, celle qui dicte les formules magiques, la force tranquille, le coup d'État permanent, l'état de grâce propre aux mystiques. La star, c'est l'étoile justement, le firmament, mais aussi l'Ishtar sumérienne, la magicienne noire. La vie damnée des stars du rock ou d'Hollywood a suffisamment montré que ces symboles que l'on croit rescapés, réduits à l'état réifié de mots-marchandises, ne sont pas que cela et qu'ils sont au contraire au cœur de la danse de Saint-Guy des sociétés spectaculaires contemporaines. Car la magie industrielle est susceptible aujourd'hui de frapper tout et n'importe qui. Le fait d'avoir gommé le clocher de la paisible affiche de la Force tranquille n'a certainement pas été sans conséquences. Une France chrétienne est morte, une France spirituelle a émergé de nouveau. Certes, un roi de France accédait à la plénitude du pouvoir dès le dernier soupir de son prédécesseur, et son autorité et ses actes étaient aussitôt d'une légitimité et d'une légalité parfaites, mais le serment prêté sur les Évangiles, mais l'onction et le couronnement par l'archevêque de Reims doublaient cette légitimité juridique et politique d'une légitimité religieuse, aussi imposante que l'autre aux yeux des peuples du royaume. Il était désormais l'Oint du Seigneur, à qui les fastes de Reims conféraient la qualité insigne de roi thaumaturge, guérisseur des écrouelles. Par le sacre, la fonction royale recevait un accroissement de prestige et de rayonnement au-dessus de toute estimation et de toute expression.

Mitterrand a été littéralement élevé, transfiguré ; il a reçu les *Berakoth* de la Kabbale, les influences spirituelles bénéfiques qui lui ont donné cette aura, ce charisme particulier, lequel va être pour une grande part la condition – bien plus que sa politique souvent impopulaire et même maladroite – de sa popularité. Il va avoir une popularité de roi. Tolkien, auteur du très parousique *Seigneur des anneaux* – livre le plus lu de ce demi-siècle, avec *Le Parrain...*, deux titres mitterrandiens –, qui s'achève par un tome intitulé *Le Retour du roi,* écrit : « Quand il se leva, tous ceux qui le voyaient le contemplèrent en silence, car il leur semblait qu'il leur était alors révélé pour la première fois. Grand comme les rois de la mer jadis, il dominait tout son entourage ; il paraissait chargé d'années et cependant dans la fleur de la virilité ; la sagesse se montrait sur son front, et la force et la guérison étaient dans ses mains, et une lumière l'environnait. » Au moment de la réélection de Mitterrand, Philippe Boggio remarquait qu'« après avoir fait le tour de sa vie, il est revenu à son point de départ ; il a retrouvé la jeunesse d'un homme âgé... lorsqu'elle vient à repasser, lorsqu'on a cette chance, on ne l'abandonne plus ». La grâce du monarque avait succédé au très mystique état de grâce.

La cohabitation, condition sans doute de sa réélection, a beaucoup fait pour la célébration mitterrandienne : elle marque une séparation du pouvoir, avec d'un côté la technique et la bureaucratie, de l'autre la mystique et le charme, au sens latin d'ensorcellement. Au-delà de sa commodité prosaïque, la cohabitation rappelle au peuple le temps ancien des monarchies enfouies.

Mitterrand devient roi ; Roger Hanin, un des deux fous du roi avec Charasse, explique qu'on n'ose plus le toucher après son élection. Il devient un intouchable, un être dont on n'ose plus prendre les mains, une royale apparence. Et pourtant... un roi n'est-il pas guérisseur ? Ne guérit-il pas par l'imposition des mains les écrouelles, comme l'a rappelé Marc Bloch ? Et Tolkien : « Pût-il y avoir à Gondor des rois, comme il en fut autrefois, à ce qu'on dit. Car il est dit selon l'ancienne tradition : les mains du roi sont celles d'un guérisseur. Et ainsi pouvait-on connaître le roi légitime. » Aragorn l'apprend à ses amis un peu plus tard : « En vérité, en haute langue de jadis, je suis Elessar, la pierre elfique, et Envinyatar, le Régénérateur. » Aragorn est comme le possesseur du Graal, la pierre nourricière et guérisseuse. Il élève la pierre verte que lui a donnée Galadriel et l'apporte près de Faramir qu'il va guérir. Il va encore utiliser la feuille de roi ou Athelas. Et « la fragrance qui vint à chacun était comme un souvenir des matins humides de rosée par un soleil sans voile en quelque terre dont le monde au printemps ne serait lui-même qu'un souvenir éphémère ».

Mitterrand suit ce modèle de la monarchie sacrée ; Benamou l'a décrit dans ces lignes : « Il se laisse prendre la main, le bras, par des mains étrangères, une multitude de mains païennes qui le touchent comme un nouveau roi thaumaturge. »

C'est dans le haut lieu de la basilique de Saint-Denis que Mitterrand a aimé, dans les derniers temps de son règne, invoquer les esprits royaux qui le précédèrent : « À Saint-Denis, j'ai imaginé que c'est au cœur de cette église glacée, dans cette crypte étroite et dépouillée, tandis qu'il chemine entre ces corps de pierre, qu'il poursuit son dialogue avec la mort, à travers tous ces rois couchés là. Et que c'est auprès d'eux, là où le temps s'abolit, qu'il doit sentir vibrer la force des esprits... De Saint-Denis, il revient chaque fois extasié, porté par une mélancolie aérienne. Son âme, ses regards, ses mots s'y trouvent purifiés. »

Les forces de l'esprit, ce pourrait être ces rois avec qui il entre, par le biais d'une initiation mystérieuse, en communion. Dans une émission de télévision suisse, en effet, Mitterrand a rappelé non seulement qu'il aimait charnellement la France, mais aussi qu'il l'incorporait. Qu'il était, du fait de ses quarante ans de vie et de vitalité politiques, une incorporation de la France. On disait que le Ciel avait accordé aux rois la capacité de résumer tout un peuple ; cette mission idéale n'est pas différente du charisme de l'homme providentiel dans les sociétés de masse de l'époque contemporaine. Mitterrand corps de la France ? Une terre, un roi ? Il savait, dit-on, reconnaître un paysage français du premier coup d'œil. Il était un des derniers contemporains à pouvoir décrire une terre, un arbre. La prospérité du roi allait avec celle de sa terre. Le roi, le Lord, rime avec le pain, *loaf* (la miche en anglais). Le corps physique de Mitterrand est devenu ainsi le corps mystique de la France. « Cette basilique, remarque Benamou, n'est pas un simple reniement du reste, du Panthéon de 1981 et de sa crypte laïque, c'est un périple plus lointain encore. » Mitterrand est physiquement de France.

Une France de terre et de chair, dont il a consigné les présages et qui l'a désigné, pense-t-il, pour être de ses chefs. « Cette folie-là, cette force-là, c'est sa religion. » Car Mitterrand roi ne laissait rien se faire « sans y apposer son sceau – oui, il y a un aspect délibérément royal chez Mitterrand », note Laure Adler qui cite un livre étrange d'Yves-Marie Bercé : *Le Roi caché. Sauveurs et imposteurs. Mythes politiques et populaires dans l'Europe moderne* (Fayard).

Mitterrand préparait sa mort, le lieu même de son enterrement au mont Beuvray, en hommage une nouvelle fois à la Gaule celte. Il imitait en cela Charles Quint qui avait répété la cérémonie de sa mort avec des capucins. Désireux d'esquisser, dans la mise en scène de cette cérémonie macabre, son décès espéré, Charles Quint voulait conduire à l'extrême le simulacre de son sacrifice et manifester qu'il était déjà mort à lui-même.

Peu avant sa mort, il déclare qu'« il faut que le chef de l'État aime les Français et il faut que les Français sentent qu'il les aime. Tout le reste n'est que littérature ». Le grand monarque, écrit Laure Adler, le roi des derniers jours qu'évoquent les prophètes, ne se serait pas exprimé autrement. Cette idée du lien sentimental qui rattache le Président à ses électeurs comme autrefois le Prince à ses sujets appartient à la généalogie de la légitimité. Hier c'était le sang, maintenant c'est l'amour qui devient le garant de la pureté de la relation. La fonction sacrificielle du pouvoir existe donc encore de nos jours. Et Mitterrand a tenu à l'exercer à la face du monde profane des chefs d'État. Il tenait à sa singularité, venue de sa folie propre ou de sa connaissance secrète. Pour que les choses soient bien claires, la voiture présidentielle, galonnée d'or, est frappée des armoiries (chêne et olivier) du chef de l'État. Il ne supportait même pas la prééminence protocolaire de Reagan au G7. Même la maladie devait l'épargner : elle le frappe, magiquement, en 1981 et met quinze ans pour le détruire, le temps pour lui de finir ses deux mandats. Laure Adler l'a compris : « Tant qu'il sera président, il restera vivant. La fonction le protège non pas de la maladie, mais de son étreinte mortelle. Superstition ? Traces mal éteintes d'un Président "roi caché" en qui circulent les courants de la vie ? »

Le roi est indispensable à la bonne marche du monde ; le *Chakravartin*, monarque universel des *Veda*, est « celui qui fait tourner la roue » du monde, celui qui agit en tant que principe directeur. Vient-il à manquer et le monde se détraque, pour reprendre la formule d'Hamlet, désolé par l'usurpation de Claudius. Lancelot s'en prend ainsi à la Fortune qui l'abandonne : « Vous m'avez placé jadis au sommet et vous teniez devant moi votre miroir de tous bonheurs... et maintenant vous m'avez abattu d'un sort contraire. » La roue du cercle connote une société traditionnelle justement par sa croyance aux cycles. Un roi aujourd'hui peut être un mendiant demain. On retrouve cette roue à quatre branches de la barque solaire, de la gondole, de Rambouillet.

Le roi est justement le garant de l'équilibre du monde, moteur immobile qui maintient l'équilibre et la cohérence de la société, le bien-être et la prospérité de ses États. Mais il est aussi le père nourricier de la nation, tout comme Louis XVI, surnommé le « boulanger » au retour de Versailles.

Chez les Celtes, écrit Françoise Leroux, « la société considère le roi beaucoup plus comme un juge ou un distributeur de richesses que comme un détenteur de pouvoirs civils et militaires... C'est vers lui que montent les impôts et les tributs des vassaux, et c'est de lui que viennent les dons, les largesses, les générosités. Sous un bon roi, la terre est fertile, les animaux féconds, la victoire militaire certaine ». Cet enseignement traditionnel, présent aussi dans le taoïsme où il est recommandé de vider l'esprit du peuple et de remplir son ventre, est omniprésent dans la vie politique mitterrandienne. Il a refusé les guerres, lui qui en avait vu tant, refusé de rompre l'équilibre de son peuple, voulu protéger les plus faibles qui l'avaient élu et réélu, désiré couvrir de bienfaits ses courtisans... en toute bonne conscience. Chirac ne disait-il pas qu'il était capable de nommer son valet ambassadeur à Washington ? geste irresponsable pour certains, royal pour d'autres.

Car cette situation, à propos des vassaux, peut se retourner, et elle s'est d'ailleurs retournée ; combien d'intellectuels, combien de politiques n'ont-ils pas renié Mitterrand ? Or, dans la royauté traditionnelle, la perte de la fidélité du vassal est garante de l'écroulement d'un monde.

Cette générosité mitterrandienne est à rapprocher de la corruption, monnaie courante ; on avait coutume de récompenser ses serviteurs. C'est le puritanisme moderne – celui-ci laisse Clinton gracier ses financiers malhonnêtes – qui a imposé une honnêteté factice. Les qualités royales sont décrites dans l'*Histoire des rois de Bretagne* de Geoffrey de Monmouth : « Arthur était à cette époque un jeune homme de quinze ans, mais son courage et sa largesse n'avaient pas d'égal, et sa bonté naturelle le dotait d'une telle grâce qu'il se faisait aimer de presque toute la population. Une fois investi, il se conforma à la coutume usuelle de distribuer des dons. »

Car la mission du roi est d'être généreux et de récompenser ses amis : les Celtes ont aimé par-dessus tout le faste et la joie des festins... On comprend mieux dans cette perspective diachronique et immorale le comportement vis-à-vis de Pelat, de Sagan et de tant d'autres. Puiser dans les caisses faisait partie du métier de roi, loin des diatribes des copains et des coquins...

L'avocat Paul Lombard a décliné le caractère initiatique de la corruption, liée à chaque fois aux mystères de l'histoire de France et à d'éminents alchimistes ou manipulateurs de symboles. Il distingue la corruption de l'amalgame (Jacques Cœur, Concini, Richelieu), la corruption de la magnificence (celle de Fouquet, chef de rayon du Roi-Soleil), la corruption de la lucidité (Mirabeau), la corruption de l'extralucidité (Talleyrand), la corruption de l'intelligence, propre à Edgar Faure. La corruption de l'âme décrite par Me Lombard est la plus contagieuse. François Mitterrand corrompit la France par le désenchantement. Monté au faîte pour changer la société, il laissa en héritage la vieille structure, plus lézardée, avide, égoïste, moins généreuse, moins solidaire. L'argent gangrena son règne et devint roi.

Mitterrand ne faisait que répondre à des gestes d'une antiquité immémoriale. Le peuple, qui l'a élu et réélu en 1988 pour échapper aux prédateurs carnassiers du capitalisme, lequel ne veut plus payer les retraites ni le Smic ni le reste, savait où trouver son monarque protecteur. Les retraités et les pauvres ont profité de cette social-monarchie qui a fait de la France, au moment de la réaction néolibérale, un havre de confort économique et culturel. Mitterrand marmonnait : « L'idéologie libérale triomphante... Cela constitue un véritable corps de doctrines que de faire sauter toutes les interventions des États et que les plus forts gouvernent ensemble. » La mission du roi consistait précisément en cela : empêcher que les plus forts n'écrasent les plus faibles. Comme en Amérique.

Et cette générosité n'était pas périlleuse pour un roi, car elle appelait à son tour une prospérité, le roi s'attirant une sorte de sympathie terrestre et cosmique par son noble comportement. « Il est vrai, écrit Geoffrey de Monmouth, qu'un homme chez qui la largesse est un don naturel au même titre que la prouesse peut, de temps à autre, tomber dans l'indigence, mais la gêne ne saurait continuer longtemps à le desservir. » Un prud'homme donne d'ailleurs à Arthur un bon conseil dans *Lancelot* : « La générosité, tu le sais, préserve de la ruine... Personne n'a été acculé à la ruine par sa générosité, mais plusieurs ont perdu la vie par leur avarice. »

Après ses conquêtes, écrit Wace dans son *Brut*, « Arthur couvrit d'honneurs tous les siens ; il témoigna largement son amour et sa générosité envers ceux qui en étaient dignes ». Monarque prestigieux, le roi modèle Arthur accorde ses dons à une Cour et une suite nombreuses.

Ces lignes de Bossuet résument bien l'attitude royale de Mitterrand : « La majesté est l'image de la grandeur de Dieu dans le prince. Dieu est infini, Dieu est tout. Le prince en tant que prince n'est pas regardé comme un homme particulier : c'est un personnage public, tout l'État est en lui, la volonté de tout le peuple est renfermée dans la sienne. Comme en Dieu est réunie toute perfection, et toute vertu, ainsi toute la puissance des particuliers est réunie en la personne du prince. Quelle grandeur qu'un seul homme en contienne tant ! »

On a reproché à Mitterrand sa cour, ses courtisans. Comme l'a noté Laure Adler, « le courtisan est un homme qui dit Monsieur le Président au moins une fois par phrase, qui s'exclame au moindre de ses mots au moins une fois par phrase, connaît les paysages préférés de son maître... Il y en a qui sont montés plusieurs fois sur la roche de Solutré pour se préparer à l'escalade au cas où... ».

Or, il est connu que les grands personnages aiment à être entourés ; ils ne sont jamais laissés à eux-mêmes dans leurs pires moments. Pascal s'en souviendra dans les *Pensées* : « Quand ils sont dans la disgrâce et qu'on les renvoie à leurs maisons des champs, où ils ne manquent ni de biens ni de domestiques pour les assister dans leur besoin, ils [les Grands] ne laissent pas d'être misérables et abandonnés, parce que personne ne les empêche de songer à eux. »

Vienne à manquer la générosité, l'entourage s'éloigne. « Un jour, Arthur perdit le désir de se montrer généreux. Il n'avait plus envie de tenir sa cour. Voyant ses bienfaits se raréfier, les chevaliers commencèrent à la délaisser. Des trois cent soixante-dix chevaliers qu'il avait habituellement autour de lui, il n'en conserva que vingt-cinq tout au plus » (*Perlesvaus*).

À l'inverse, le roi Arthur de la grande époque aime et recherche la renommée. Arthur attachait beaucoup d'importance à la gloire et était fort désireux de conserver la mémoire de ses actes. S'approcher de la sorte d'un grand monarque porte bonheur ; c'est s'approcher d'une source de richesse en même temps que de spiritualité. Le roi est Graal, source de vie et grandeur. Arthur est un pôle d'attraction, un Graal à lui tout seul tant sa fréquentation se mérite et se gagne par les armes.

La table des rois est par bonheur une table d'abondance, y compris la table du roi pêcheur qui est d'un luxe inouï. Mitterrand a fait honneur à la table française, dernier refuge des initiés dans ce pays ; il a aussi invité le pays, s'agissant de l'immigration, à exercer ses talents de générosité et d'hospitalité. L'hospitalité est un devoir sacré dans les sociétés traditionnelles ; elle incarnait alors une image de la bonté de Dieu à l'égard de l'homme, de sa volonté de l'accueillir dans sa demeure.

L'hospitalité, la cour courtisane de Mitterrand lui avait naturellement amené les intellectuels et les artistes flattés par ses goûts littéraires, son engagement humaniste et, bien sûr, sa générosité. La monarchie parodique avait fêté son retour en conviant à sa table un aréopage savant. Mais les désirs n'étaient pas les mêmes ; quand les uns se voyaient nouvelles Lumières, mondialisateurs à outrance et moralisateurs, Mitterrand se révélait disciple de Machiavel – cynisme et raison d'État –, héritier versaillais de Louis XIV, et partisan, pour un temps encore, du pacte des nations voire de l'Empire austro-hongrois. Georges-Marc Benamou l'a remarqué : « Entre lui et les intellectuels, c'était une guerre à outrance, morale contre politique, Histoire contre droits de l'homme, empire contre petites nations. » Le partisan de la Grande Serbie, le nostalgique de l'Europe des traités de Westphalie croyait voir pourtant plus loin que le bout de leur nez. Ici encore, alors qu'il avait pris, à bien des égards, le train des nouveaux paradigmes, il refusait de s'arracher aux obsessions du vieux *dibbouk*.

Le roi est étroitement lié aux divinités, dieu lui-même ou fils de Dieu, ou encore lieutenant, agent, représentant, envoyé de Dieu, mais il est aussi intégralement homme, concentrant en lui ou représentant toute l'humanité. Participant à la fois de l'humain et du divin, à quelque degré que ce soit, il est un point de rencontre, une sorte d'*axis mundi* reliant le ciel et la terre, centre spirituel de son univers qui, si étroit soit-il, est l'univers entier ; il rayonne dans toutes les directions et tout converge vers lui ; il est le régulateur et le responsable de l'ordre cosmique, du temps, des phénomènes naturels, du renouvellement périodique de la création, de la fécondité, de la fertilité, de la bonne santé ; il est en quelque sorte, et par un ultime aboutissement, le sauveur. On pourrait faire l'épreuve du charisme royal dans la survivance de dignité qui s'observerait chez les plus lointains descendants des races royales. Une générosité du lignage les rendrait capables des mêmes grandeurs autrefois possédées par leurs devanciers empereurs et rois. Que le Prince soit un pouvoir de droit divin accuse la ressemblance entre cette incarnation et celle qui fonde le christianisme. Le pouvoir royal se présente comme un mystère ; il est à peine possible de le décrire, sans en trahir la profondeur, sans commettre un sacrilège.

Le roi est un personnage religieux, puisqu'il tient son ministère de Dieu et participe au sacerdoce, mais il n'est pas un prêtre. Ainsi, ce n'est plus seulement la personne du roi qui est sacrée, ce sont ses actions tenues pour les manifestations nécessairement répétées de son essence, comme de la grâce efficace et permanente accordée par Dieu, actions que l'on doit regarder avec vénération. Il y a continuité avec la République et pas seulement avec son président. Lorsque les révolutionnaires mirent Louis XVI à mort, non tant pour ses éventuelles erreurs que pour son identité royale, ils confirmaient une fois de plus le rôle sacrificiel du Prince. Par le biais de logiques politiques contradictoires, la négation du principe royal revenait à accorder à Louis XVI la légitimité du martyre.

La statue de Rambouillet situe le roi-président dans un monde intellectuel de personnifications symboliques qui, tout en évoquant des actions ou des réalisations précises, le placent hors du temps et l'érigent en exemple pour la postérité, à l'instar des dieux et des héros de la mythologie, ou des grands hommes de l'Antiquité.

Le baptême de Clovis était perçu lors de l'avènement de Charles VIII comme le dernier de trois épisodes représentant l'histoire de France, les deux premiers étant franchement légendaires. L'un évoquait le mythe des origines troyennes des rois de France à travers Francus, fils inventé d'Hector et fondateur du royaume de Sicambrie. L'autre présentait les anciens rois (légendaires) des Francs :

Samothès et Pharamond, trisaïeul de Clovis et législateur de la Loi salique invoquée depuis la fin du XIVe siècle. L'histoire romaine apporta Rémus, fondateur légendaire de Reims. À l'entrée de Louis XIII, on représenta Hercule, Alexandre et Achille avec des vers prédisant à l'enfant roi, déjà l'Achille des Français, qu'il deviendrait un jour l'Alexandre gaulois. En 1772, à l'avènement de Louis XVI, ce fut César qu'on évoqua et le thème du renouveau exprimé par une phrase de Virgile : *redeunt Saturnia regna*, « voici que revient le règne de Saturne » ; la paix allait remplacer la guerre. L'âge d'or allait revenir, qui nous menait au Grand Monarque universel.

Le prieuré de Sion a mêlé paganisme et christianisme. Par paganisme, il ne faut pas entendre l'adoration des dieux à tête de porc, mais la tradition occidentale telle qu'elle se manifestait avant le christianisme. C'est un initié du nom d'Ormus qui a créé une société hermétique, ou gnostique, ayant pour but de restaurer la Tradition en France. D'une certaine manière, l'Ancien Régime n'avait plus les bases ésotériques lui permettant de survivre ; sinon on ne s'expliquerait pas son écroulement pitoyable, ni les omniprésentes références ésotériques des révolutionnaires et des républicains qui ont voulu compenser, pour sauver la France, cette entropie initiatique. Paradoxalement (en apparence), le prieuré a voulu déstabiliser cette royauté apostate qui a renoncé au culte d'Alexandre, royauté d'inspiration celtique et biblique – toute la matière de la Sainte-Chapelle de Saint Louis est biblique, d'origine hébraïque –, pour se consacrer à l'intégrisme catholique version révocation de l'édit de Nantes.

De fait, le prieuré a été à l'épicentre de deux mouvements antimonarchiques : la Compagnie du Saint-Sacrement au XVIIe siècle, qui agit pour la famille des Guise-Lorraine, et la Fronde. Il aurait aussi agi pour faire des Habsbourg des empereurs de toute l'Europe au XIXe siècle, en utilisant le Hiéron du Val d'Or, groupe de recherches esotériques chrétiennes rattaché à Paray-le-Monial au XIXe siècle. Le CIRCUIT, à partir de 1956, qui désirait restaurer une chevalerie catholique et royale, a également servi de courroie de transmission au prieuré.

Faut-il rappeler que les mafias ou triades sont historiquement liées à de sociétés secrètes dont elles masquent les véritables agissements ? Nerval disait déjà en 1841 que, si le Christ revenait aujourd'hui, on l'enfermerait à Bicêtre. Les grands héros d'hier sont devenus des parias dans la société démocratique moderne, comme l'avait compris Nietzsche. Avec sa vision si archaïque des choses, Mitterrand est, sur ce point encore, un original. Il préfère les voleurs aux bourgeois ; comme du reste la plupart des grands écrivains.

« Mitterrand, au fil de l'enquête, m'apparaîtra de plus en plus comme un homme fasciné par les bandits de grand chemin, exalté par les figures de ceux qui s'opposent à la société, plus intéressé par les voyous à grande gueule et à bagou que par les énarques compétents et bien élevés... comment expliquer autrement sa relation ambiguë avec Bernard Tapie ? » écrit Laure Adler.

Ce refus du système, qui évoque la conception vernienne de l'anarchisme aristocratique ou le monde des Jack London, Maurice Leblanc ou Eugène Sue, se reflète également dans cette approche très « anar de droite » du personnage Pelat par Mitterrand : « Pelat n'était pas un bourgeois. Il s'en foutait, des lois de la bourgeoisie. Il était même tout à fait hors de la loi... Pelat avait l'intelligence, le rayonnement, c'était un roi. »

Roger-Patrice Pelat, le « prince », le rayonnant, le grand veneur, l'homme des hautes œuvres et des combines souterraines du mitterrandisme, aurait été lié au prieuré de Sion, société secrète liée au rétablissement des rois de la première race, les Mérovingiens. Il s'est rendu en compagnie de François Mitterrand à Rennes-le-Château, capitale occulte de l'histoire de France. Le Grand Monarque annoncé par Nostradamus doit ramener l'ordre cosmique dans les derniers temps en France.

Chaque ordre religieux avait jadis sa conception de la Fin des Temps. Les chevaliers ont nécessairement la leur, qui s'exprime dans le mythe fameux de l'Empereur assoupi proche de celui du Grand Monarque. Arthur, Frédéric Barberousse mais aussi Frédéric II Hohenstaufen doivent un jour se réveiller pour lutter contre l'Antéchrist et instaurer une ère de prospérité éternelle. Même l'histoire de Robin des Bois est liée à cette vision attentiste du monde ; Robin attend dans la forêt, à l'abri de la terre gaste, le retour du roi Richard, dont le trône a été usurpé par son frère Jean, le Mordret de l'histoire britannique d'alors. Cette pensée crépusculaire a des origines profondes, venues du paganisme mais surtout des doctrines traditionnelles propres à toutes les anciennes civilisations.

C'est dans cette perspective sans doute que le grand penseur de la technique, en qui il voyait un « arraisonnement » du monde, Martin Heidegger, a écrit que « l'Occident, c'est ce qui se tient plus près de l'origine ». Dans l'attente du roi Arthur ou de l'empereur à venir, il est toujours possible de rêver, et d'imaginer une éventuelle restauration du royaume du Graal.

Le Grand Monarque n'est pas qu'une attente française ; il est une attente mondiale où le messianisme de la France, comme l'avaient compris de Gaulle et Mitterrand, doit jouer un rôle cardinal.

Un texte surprenant, intuitif plus qu'informé, d'un écrivain qui a beaucoup approché Mitterrand, mais pour qui ce dernier continue d'apparaître dans toute l'épaisseur de son mystère, nous semble remarquable. Il s'agit de la chronique de Bernard-Henri Lévy parue dans *Le Point* du 20 janvier 1996. BHL remarque la puissante ambiguïté du personnage, sa dimension monarchique, sa propension au mystère et à la mise en scène. Il remarque aussi, justement, que Mitterrand est, sur le plan politique et métapolitique, un carbonaro, un initié d'un type particulier, digne de figurer dans les personnages d'un roman à clé du genre *Le Nommé Jeudi* de Gilbert K. Chesterton. BHL cite un cacique socialiste : « Il y avait quelque chose de satanique en Mitterrand, une influence maligne, une façon de susciter l'amour le plus extrême, puis, lorsque l'amour se dissipait, une adoration retournée, une haine. »

L'évocation satanique pour quelqu'un « qui ne laisse personne indifférent » est intéressante, si on la rapproche de la diabolisation (*diabolè*, la « calomnie » en grec) dont Mitterrand a toujours fait l'objet, de la Cagoule à l'Observatoire en passant par les Grands Travaux.

BHL revient à la charge par l'évocation de Don Juan : « La dernière provocation du grand seigneur, le geste donjuanesque par excellence : la réconciliation, devant son cercueil, des deux familles. » Et le chroniqueur de s'interroger : « Qu'ont bien pu penser, à cet instant, les prêtres catholiques, garants, jusqu'à nouvel ordre, du sacrement du mariage et contraints de bénir, à la face du monde, ce qu'il faut bien appeler l'adultère ? » Les prêtres ont simplement agi conformément aux désordres des temps, comme au temps des rois qui laissaient derrière eux une nombreuse descendance naturelle. Du reste, BHL comprend vite : « Peut-être François Mitterrand aura-t-il été, à sa façon, une sorte de dernier roi. » Ou le premier roi, l'annonciateur d'une nouvelle monarchie à définir et à venir. BHL est impatient : « La prochaine étape ? la prochaine perle lâchée par la bouche d'ombre mitterrandienne ? Probable que nous n'en sommes qu'au début de nos surprises et que cet amateur de mystère et de secrets, ce carbonaro politique, ce comploteur impénitent, qui nous a avertis qu'il croyait "aux forces de l'esprit", et, en un sens, qu'il "ne nous quitterait plus", a savamment disposé sous nos pas d'autres bombes à retardement. Patience ! Tout explosera. Tout sortira. N'a-t-il pas lui-même réglé la machine infernale de son horloge ? »

Essayons de voir quelles bombes Mitterrand

aurait posées. Prenons Jarnac, Mitterrand n'avait aucune raison d'être enterré à Jarnac, sauf en jouant un de ses tours dont il avait le secret. La pyramide est son tombeau naturel. La mise en scène double de la mort, à Paris et à Jarnac, montre que le vrai enterrement n'avait peut-être pas forcément lieu à Jarnac. Jarnac est ce chevalier défenseur d'une cause qui l'emporte dans un duel en sectionnant le jarret de son adversaire, botte qu'on ne devait pas effectuer. L'expression désigne une toute mitterrandienne façon de procéder : rapide, habile, efficace, au-delà du bien et du mal, peu soucieuse de l'honneur.

De l'honneur, il fallait que la France en eût fort peu au moment de l'enterrement jarnacien du Président. La veuve joyeuse, les fils prodigues, la maîtresse, la fille naturelle promue au rang de couverture de magazines *people* (Mazarine va remplacer les princesses de Monaco dans l'inconscient collectif en tant que princesse républicaine ; qui sait si elle ne fera pas de la politique plus tard ?), tout cela avait à la fois une dimension courtelinesque et comique.

Cette arnaque à l'honneur de la France allait être complétée, quelques jours plus tard, par la prestation de l'Assemblée nationale qui soustrayait les héritiers Mitterrand à toute déclaration d'héritage. Du haut de son tombeau, Mitterrand continuait à narguer et à pavoiser face aux marionnettes qu'on lui avait opposées vingt ans durant à droite. Il est vrai qu'elles étaient étrangement absentes le jour de son « enterrement ». Comme l'a noté BHL, l'État était absent, en tant que tel, le jour des funérailles du Président. Cela étant, le déferlement médiatique a été durant trois jours insensé, montrant la dimension maladive, névrotique, obsessionnelle de la France. Une indécence jointe à une satanique complainte, à un travail de deuil collectif et obligatoire. Comme à l'époque de Staline dont la mort fut saluée par une ou deux minutes de silence et d'immobilité quotidiennes dans son État glacé.

Le jour de l'enterrement, un corbillard noir vint de la Haute-Vienne. Et il était immatriculé 6661 ST 87... 666, le nombre de la Bête ; Tonton, figure pourtant protectrice, ne nous aura décidément rien épargné. Le nombre de la Bête est aussi un nombre solaire pour saluer son passage funéraire.

Mitterrand s'est donc fait enterrer à Jarnac. En effectuant une Kabbale phonétique toute simple, Jarnac c'est J'arnaque... Qu'est-ce que cet homme, qui voulait se faire enterrer au mont Beuvray, sur un haut lieu initiatique de l'Antiquité gauloise, allait faire dans un bourg où, descendant de vinaigriers, il jalousait, rappelle François Dalle, les riches fortunes des maisons de cognac ? Étrange choix pour un homme incollable sur les lieux d'inhumation des grands de ce monde ou des écrivains. « Mon esprit reste parmi vous », a-t-il dit avant de mourir. Faut-il comprendre, à la lettre, cet esprit qui désigne l'immortalité de l'âme à laquelle croyait Mitterrand d'une manière ou d'une autre, ou l'esprit, le sel, le don de se moquer qui ont caractérisé Mitterrand tout au long de sa ténébreuse et fascinante existence ?

Épilogue

Pharaon et les secrets du messianisme

La force nous a quittés, a déclaré en 1995 l'actuel président de la République. À l'heure de la mélancolie démocratique et des grandes peurs millénaristes (vache folle, sang contaminé, catastrophes climatiques), les peuples, en France et ailleurs, se sentent obscurément contrôlés, notamment par des réseaux. La crise des sociétés modernes, du système, tant de fois commentée, devient physique et menace l'humanité. On oublie qu'elle est spirituelle avant tout, vieille de plus d'un siècle, liée au désenchantement du monde. Cette crise, plusieurs hommes politiques l'ont vue venir et ont tenté de la prévenir. Ainsi François Mitterrand. Au cœur de la dépression républicaine et de l'ère du vide, il a vu venir d'autres forces et les a favorisées.

Au terme de l'enquête des Enfants du Méridien, nous comprenons les enseignements secrets et moins secrets de l'Initié Mitterrand. Il est apparu comme un Illuminé, un mage mystique et païen se situant dans une lignée immémoriale et traditionnelle, du Louvre à Lascaux, de Solutré à l'Élysée. Dans le même temps, Mitterrand s'intègre parfaitement, lui et ses héritiers politiques, dans le phénomène dit du *New Age*, qui pratique une vision globale – en termes politiques et holistiques, en termes culturels et spirituels, ou même médicaux – de notre temps troublé, menacé à bien des égards, désespéré par les aléas du climat, de l'économie, de la démographie ou de la misère spirituelle. Mitterrand a fait renouer le peuple français avec une initiation de masse, visible dans ses choix d'architecture et ses liens avec la géographie sacrée de la France, le méridien en particulier. Dans le même temps, il a entretenu des rapports fous et ambigus avec le passé français, y compris le plus innommable. Il a invoqué l'esprit gaulois, mérovingien, l'esprit d'une France enfouie sous les *qlipot*. Sa restauration monarchique, visible par tous, avait un but précis.

En même temps Mitterrand a bâti, avec d'autres présidents-monarques, le Nouvel Ordre mondial. Cette globalisation des problèmes a un aspect évidemment ésotérique, qui est marqué par une attente collective souterraine. L'humanité arrive à un stade de développement spirituel et technologique suffisant pour comprendre qu'une nouvelle donne planétaire est nécessaire. La conspiration mitterrandienne concernait la France, mais également le monde. Pays de l'universalisme initié et républicain, avec les États-Unis, la France a une mission essentielle à jouer.

Les derniers voyages de François Mitterrand sont la démonstration de cette volonté d'enseignement planétaire. « Perdu dans ses pensées, il posait le doigt sur l'Égypte, cherchait Le Caire, Alexandrie, Louqsor... », rapporte Georges-Marc Benamou. En même temps, observe-t-il, il recherche les sources du mystère biblique : « Aller sur le mont Ararat, vers l'Arche de Noé et ses débris magiques qu'il trouvera peut-être au sommet de la montagne. »

Mais survient l'insolite, une fois de plus.

Vers l'hiver 1995, alors que Mitterrand, en Égypte, se prépare à mourir, circule dans les milieux initiatiques, mais aussi les salles de rédaction, au *Canard enchaîné*..., une icône étrange : la photographie comparée du président et du pharaon de la XVIIIe dynastie Seti Ier. La ressemblance est si parfaite que l'on crie au sosie. Mitterrand réincarnation du grand *Men-Ma-Tre* ? À l'heure où l'on redécouvre les enseignements du bouddhisme, de la Kabbale et du christianisme primitif à ce propos, l'identification de l'ancien Président au pharaon est vite établie.

Comme l'écrit Freud, « par les conquêtes de la XVIIIe dynastie, l'Égypte était devenue une puissance mondiale. Sous l'influence des prêtres du dieu solaire, peut-être renforcée par des incitations venues d'Asie, surgit l'idée d'un dieu universel ». La clé est Amon. Amon est un dieu à tête de bélier, à relier au culte de Ram... et à Rambouillet. Freud toujours : « L'enfance du Christ répète celle de Moïse, et là le roi Hérode joue le rôle du pharaon. » Freud l'initié, le porteur des bagues mystérieuses, note que « le triomphe du christianisme fut une nouvelle victoire des prêtres d'Amon sur le dieu d'Akhénaton, après un intervalle d'un millénaire et demi, et cela sur une scène plus vaste ».

L'autre clé est le régime pharaonique, fondé sur un principe divin extrêmement prégnant. Le souverain est un être exceptionnel, prémédité, élu et engendré par les dieux pour poursuivre sur terre leur œuvre créatrice. Intégré aux forces cosmiques et vitales, le pharaon omniscient est le dépositaire des secrets de la nature, tant dans les cadres des cycles normaux, intégrés dans les calendriers astraux ou agricoles, que lors d'interventions extraordinaires tenant du prodige. Cette vision supranaturelle de la fonction royale trouve son origine et ses fondements dans une proclamation impériale ; elle est liée aux relations complexes que le roi noue avec les divinités et qui s'inscrivent dans le cadre cyclique de l'éternel retour. Mitterrand n'était-il pas fasciné par l'œuvre de Nietzsche et celle de Giambattista Vico ? « Vous connaissez les théories de Vico ? » interrogeait-il... Il croyait aux cycles. Il avait raison. « Je crois que tous les cent cinquante ans surgit un grand penseur. Entre-temps, ce ne sont que des commentateurs. Nous sommes dans une époque stationnaire. Il n'y a que des commentateurs. » On retrouve cette même vision hallucinée dans les lignes qu'il consacre à André Malraux : « Celui que j'ai connu, je l'ai perçu comme un médium. Il lui fallait parler, non écrire, pour transmettre. Alors il exprimait la fulgurance qu'on prête aux astres morts, et qui continuent d'éclairer notre nuit. »

Mais qui va éclairer notre nuit, ramener l'ordre des anciens jours ?

Il se trouve que Seti Ier était le père de Ramsès II, le plus célèbre pharaon de l'histoire égyptienne. Il a régné quatorze ans, comme Mitterrand. C'est en Égypte que les souverains ont les premiers uni, au sein de hiérogamies agraires, le spirituel au temporel, en Égypte aussi qu'ils ont multiplié les actes et les gestes symboliques, en Égypte enfin que les deux

France, moderne et traditionnelle, ont trouvé leurs racines. L'engouement égyptien actuel, initié par Mitterrand, entretenu par les médias et toutes sortes d'ouvrages, marque une volonté de récapitulation générale de notre histoire et une autre volonté, spirituelle et messianique cette fois, de nouvelle genèse. L'ouvrage de Messod et Roger Sabbah, *Les Secrets de l'Exode*, vient encore d'en offrir une illustration. La compréhension de l'équivalence des personnages de Pharaon et de Moïse grand prêtre d'Amon, du rôle théologique des Hébreux et temporel des Égyptiens, ne peut laisser indifférents. Il s'agit, bien sûr, moins d'une théorie que d'une manipulation, mais une manipulation subtile visant à préparer les opinions publiques au retour du mythe dans nos vies ordinaires, engoncées dans les déceptions politiques et une rhétorique économique elle-même devenue magique sous l'effet de la nouvelle économie immatérielle et du techno-messianisme transitant par le Net et le câble.

Le docteur Gubler, médecin de Mitterrand, utilise cette comparaison surprenante : « Il y a dans les contes et légendes de notre enfance une histoire qui illustre la complexité et l'ambiguïté de mes rapports avec le Président. Râ, dieu du soleil, est tombé amoureux d'une humaine de grande beauté. Au cours de la nuit qu'ils passent ensemble, Râ lui révèle son véritable nom. Au matin il lui ordonne : "Sauve-toi vite et ne reviens plus jamais, car je t'ai dit qui j'étais et je ne te le pardonnerai pas..." François Mitterrand n'est pas le dieu Râ, mais je savais tellement de choses de lui qu'à la fin il ne pouvait plus me regarder. Je ne peux pas, pensait-il, être à la merci de quelqu'un d'autre, ce n'est pas possible.

C'est moi qui dois rester maître de la situation. C'est d'un orgueil fou, mais c'est ainsi. »

Certes Mitterrand n'est pas Râ, il n'est pas dieu...

Comme Mitterrand, Seti a été l'homme des grands travaux préparatoires. Une de ses créations a influencé le reste de la dynastie : les deux salles de Karnak connexes à la salle des barques consacrée à Amon. Il s'agit des salles consacrées à Mout et Khonsou. Ces barques ont un écho à travers les âges, la barque solaire de Rambouillet où Mitterrand traverse le fleuve de la mort pour retrouver Osiris. Que le personnage de Ramsès, fils de Seti, soit devenu le personnage historique et littéraire le plus populaire pour nos contemporains, sans que le hasard ait rien eu à y voir, revêt une importance particulière, il est l'Illustration primordiale du Grand Monarque. Son nom signifie : « Il était l'élu des dieux », « Le Fils de la Lumière ».

Le retour de Ramsès – qui devait succéder, après une période de troubles, au règne de Seti – a une importance cardinale. Ramsès fut entouré dès l'Antiquité d'une légende tenace. Son règne fut considéré par ses successeurs directs comme un âge d'or, une époque bénie et révolue, chantée pour faire de ce héros nimbé d'une gloire bienfaitrice le pharaon par excellence.

Les Enfants du Méridien se séparent, le Scribe cesse d'écrire et le peuple d'attendre les révélations des uns et des autres devant mener à l'avènement messianique.

Et si tout cela n'était pas abracadabrantesque ?

Bibliographie

Ouvrages cités de François Mitterrand

L'Abeille et l'Architecte, Flammarion, 1978.
La Paille et le Grain, Flammarion, 1981.

Ouvrages sur François Mitterrand

Adler (Laure), *L'Année des adieux*, Flammarion.
Alexandre (Philippe), *Plaidoyer impossible pour un vieux président abandonné par les siens*, Albin Michel.
Attali (Jacques), *Verbatim, I, II, III*, Fayard.
Balvet (Marie), *Le Roman familial de François Mitterrand*, Plon.
Boccara (Édith), *Mitterrand en toutes lettres*, Belfond.
Chaslin (Michel), *Les Paris de François Mitterrand*, Gallimard.
Colé (Gérard), *Le Conseiller du prince*, Michel Lafon.
Faux, Legrand et Perez, *La Main droite de Dieu*, Le Seuil.
Giesbert (Franz-Olivier), *Le Président*, Seuil.
—, *Le Vieil Homme et la mort*, Gallimard.
Hennezel (Marie de), *La Mort intime*, Laffont.
Montaldo (Jean), *Mitterrand et les quarante voleurs*, Albin Michel.

Nay (Catherine), *Le Noir et le Rouge,* Le Livre de Poche.
Péan (Pierre), *François Mitterrand, une jeunesse française,* Fayard.

Divers

Baigent (Leigh), *L'Énigme sacrée,* Pygmalion.
Boucher (Jules), *La Symbolique maçonnique,* Dervy.
Chevalier (Louis), *L'Assassinat de Paris,* Champ Libre.
Conte (Bernard), *L'Utopie combattante,* Fayard.
Ferguson (Marilyn), *La Conspiration du Verseau,* Robert Laffont.
Ferté (Patrick), *Arsène Lupin, supérieur inconnu,* Trédaniel.
Freud (Sigmund), *Moïse et le monothéisme,* « Folio », Gallimard.
Fulcanelli, *Les Demeures philosophales,* J.-J. Pauvert.
Goudineau (Guilaine), *De Lascaux au Grand Louvre,* Errance.
Guénon (René), *Symboles de la science sacrée,* Gallimard.
—, *Autorité spirituelle et pouvoir temporel,* Trédaniel, 1984.
Guyonvarc'h (Christian-J.) et Le Roux (Françoise), *Les Druides,* Ouest-France.
Lambert (Pierre-Yves), *La Langue Gauloise,* Errance.
Parvulesco (Jean), *Les Mystères de la Ville Atlantis,* L'Age d'Homme.
Phaure (Jean), *La France mystique,* Dervy.
Solé (Robert), *L'Egypte, une passion française,* Le Seuil.
Dictionnaire des symboles, « Bouquins », Laffont.
Rapport de la commission d'enquête sur les agissements et le fonctionnement du DPS.

Table

DU MÊME AUTEUR

Tolkien, les univers d'un magicien (essai)
Les Belles Lettres, 1998

Internet, la Nouvelle Voie initiatique (essai)
Les Belles Lettres, 2000

Les Territoires protocolaires (roman)
Michel de Maule, 2001

Un cinéaste sans frontières : Jean-Jacques Annaud
Michel de Maule, 2001

Cet ouvrage composé
par Nord Compo
a été reproduit et achevé d'imprimer sur Roto-Page
par l'Imprimerie Floch à Mayenne,
pour les Éditions Albin Michel
en mai 2001.

N° d'édition : 19765.
N° d'impression : 51596.
Dépôt légal : juin 2001.
Imprimé en France.